Heiraten

Die Hochzeit vorbereiten, planen und schön feiern

Brigitte

Heiraten

Die Hochzeit vorbereiten, planen und schön feiern

Renate Herzog

Mosaik
bei GOLDMANN

Inhalt

Vorwort 8

Das Fest planen 10

Hochzeit feiern – ein teurer Spaß 10
Wer soll das alles bezahlen? 13
Einer ist immer beleidigt 14
Eine Hochzeitsfeier „ganz für uns"? 16
Der Countdown läuft 17
Checkliste: Ihr Terminplan bis zur Hochzeit 18
Wenn Sie kirchlich heiraten 22
Musik für die Kirche 23
Zeremonie ohne Kirche 26
Heiraten kann man überall 30
Jeder darf seinen Namen behalten 33
Wussten Sie eigentlich, ... 34
Eine Hochzeit, drei Feste 36

Die Zeit der Vorbereitung 38

Alle Papiere beisammen? 38
Checkliste: Diese Urkunden brauchen Sie 40
Wo wird gefeiert? 43
Feiern außer Haus 47
Ein Fest vor romantischer Kulisse 48
Hochzeit als Happening? 50

Das Fest organisieren 52

Catering und Partyservice 52
Die Zeit gut einteilen 56
Büfett oder Menü? 59
Getränke: Richtig kalkulieren 60
Wer sitzt neben wem? 61
Die traditionelle Sitzordnung 62
Gäste mischen: So geht's 63
Dekoration: Das macht Stimmung 65
Arbeit verteilen: Wer macht was? 68
Hauptsache, es wird getanzt 71
Welche Musik passt zum Fest? 74
Checkliste: Nichts vergessen? 77

Auf Reisen heiraten 78

Kurz und einfach: Hochzeit in Las Vegas 81
Andere Länder, andere Vorschriften 82
Welche Papiere braucht man wo? 84
Reisen, Trauung inklusive 85
Checkliste: Wo Sie überall heiraten können 86

Das festliche Outfit 88

Die Braut bestimmt den Stil 88
Das Traumkleid für fast jeden Geldbeutel 92
Oben Top, unten Glitzerturnschuhe? 93
Checkliste: Was ein komplettes Outfit kostet 95
Die Eheringe aussuchen 96
Der schönste Strauß für die Braut 98
Strahlend zur Trauung 99

Die Geschenke 100

Gaben zum Aussuchen: der Hochzeitstisch 100
Fast wie Weihnachten: der Wunschzettel 102
Alle Gäste legen zusammen 103
Ganz spezielle Geschenkideen 105
Geschenke für den Hochzeitstag 108
Das kostet kein Geld 108

Und dann feiern! 110

Vor dem Standesamt 110
Die Gäste bekannt machen 113
Wer hält wann eine Rede? 116
Unterhaltungsprogramm 118
Das bringt Glück 120
Tanzspiele und andere Späße 122
Im Gehen feiern? 125
Checkliste: ... und das hat's gekostet 130

Alles, was Recht ist 132

Die „ehelichen Güterstände" 134
Unterhalt und Versorgungsausgleich 139
Unterhalt nach einer Scheidung 140
Versorgungsausgleich nach einer Scheidung 143
Ehevertrag – ja oder nein? 143
Vater werden ist nicht schwer? 146
Wichtiges zum Erbrecht 148
Weniger Geld fürs Finanzamt 149
Die richtige Lohnsteuerklasse 150
Was für die „Homo-Ehe" gilt 152

Wichtiges auf einen Blick .. 154

Nach der Hochzeit 154

Der Morgen danach 156

Stichwortregister 158

Vorwort

Alle meine Hochzeiten

Hochzeit feiern war zu meiner Zeit unpopulär: „Wer zweimal mit derselben pennt, gehört schon zum Establishment", hieß es damals. Heiraten galt einfach als grottenspießig.

Ganz konnten wir (der Vater meiner Kinder und ich) es aber doch nicht lassen. Wir gingen heimlich schnell mal eben heiraten aufs Standesamt und danach gleich wieder zurück an unsere Schreibtische, als wäre nichts gewesen. Ich muss gestehen, es hat gedauert, bis ich kapiert hatte, dass ich nun verheiratet war und dieser plötzlich immer anwesende Mensch mein Ehemann. Heute weiß ich, was da gefehlt hat: eine „richtige" Hochzeit, ein einprägsames Ritual.

An der Ehe muss irgendetwas sein, für das es keinen Ersatz gibt: das Sich-zugehörig-Fühlen vielleicht? Jedenfalls war nur eine Generation später die Zeit der wechselnden Beziehungskisten praktisch schon wieder vorbei. Und um uns herum fingen die jungen Leute – ohne triftigen Grund – wieder an, zu heiraten. Manche ließen sich nach kurzer Zeit auch wieder scheiden, heirateten dann aber gleich wieder. Nach dem Motto: Trial and Error.

Da ich heute zwei Töchter im heiratsfähigen Alter habe, dazu vier Patentöchter, die wiederum zahlreiche Freunde im heiratsfähigen Alter haben, konnte mir der Trend nicht verborgen bleiben. Nicht nur Heiraten ist wieder fast selbstverständlich; es müssen auch große, prächtige Feste sein, die in Scheunen oder Schlössern, auf Schiffen oder in Museumsräumen gefeiert werden. Feste, die einfach mitreißen und Lebensfreude ausstrahlen.

Gelegentlich bin ich zu solchen Festen eingeladen; sonst höre ich mir begeistert die Geschichten an, wer alles da war, was sich die Freunde an Überraschungen ausgedacht haben, was das Brautpaar geschenkt bekommen hat. Oder ich lasse mir vom Reiz einer Blitzheirat in Las Vegas berichten. So bin ich mit der Zeit eine Art „professionelle Hochzeitsbeobachterin" geworden – und habe festgestellt:

Natürlich lässt sich niemand mehr erzählen, dass die Hochzeit der schönste Tag im Leben ist. Doch egal, wie das Paar feiert, die eigene Hochzeit sollte einmalig sein, sich von allen anderen Hochzeiten auf der Welt abheben. Dabei gibt es, wie ich meine, zwei gegensätzliche Trends:

Feiern mit vielen Freunden, also Hochzeiten nicht länger unter der Regie der Eltern, sondern vielmehr als Feste der Jungen, inszeniert voll Begeisterung, kreativer Tatkraft und mit Hilfe der Freunde. Die Großfamilie, die früher das Fest exklusiv unter sich abmachte und mit seinen und ihren Eltern, Großeltern, Geschwistern Vettern, Paten, Nichten und Tanten mühelos einen Saal füllen konnte, hat Freundesgruppen der beiden Platz gemacht. Aus der Familie sind nur der engste Kreis und handverlesene Lieblingsverwandte dabei.

Die Hochzeit zu zweit ist ebenfalls im Aufwind. Ein radikaler Entschluss, denn das opulente Hochzeitsfest ist die eine Sache – der grundsätzliche Verzicht auf eine Feier ist die andere. Paare, die den Stress scheuen, der ab einer bestimmten Zahl von Gästen unvermeidlich ist, und die nicht scharf sind auf Probleme wie „wir können nicht Müllers einladen und Meiers nicht" fahren zum Heiraten einfach weg: nach Las Vegas oder nach Inverness oder nach Pellworm. In diesem Fall haben die einen ihre Ruhe, alle anderen das Nachsehen.

Es gibt viele Gründe, dieses Buch zu lesen. Wer schon „heiratsreif" ist, kann es nutzen, um den für sich angemessenen Stil zu finden. Wer anderen beim Heiraten helfen will, bekommt jede Menge Anregungen, und wer nicht gerade ein hartgesottener, völlig mit sich zufriedener Single ist, braucht dieses Buch, um sich dem Gedanken der dauerhaften Zweierbeziehung langsam zu nähern. Viel Glück in jedem Fall!

Renate Herzog

Das Fest planen

Hochzeit feiern – ein teurer Spaß

Ein Hochzeitsfest kostet etwa so viel wie ein Kleinwagen. 10.000 bis 15.000 Euro sind schnell beisammen. Außerdem ist es mit dem Heiraten wie beim Hausbau: Es wird immer teurer als gedacht. Wer nicht gerade hundert Gäste ins Schlosshotel einlädt, kommt vielleicht mit dem Gegenwert eines gebrauchten Kleinwagens davon. Doch jeder, der schon mal eine größere Feier organisiert hat, kennt das Phänomen: Kaum hat man sich für ein Fest entschlossen, ziehen alle Preise an, und niedrig sind sie ohnehin nicht. Ein Kostenvoranschlag ist nicht gerade romantisch, aber hilfreich.

Ein Menü im Restaurant zum Beispiel kostet ab ca. 24 Euro pro Person. Ordern Sie ein Büfett vom Catering-Service, werden allein für das Essen 20 bis 30 Euro pro Person fällig, ein Leihgedeck kostet ca. 5 Euro pro Person. Dazu kommen ca. 22 Euro pro Stunde für geschultes Personal. Plus die Kosten für An- und Abfahrt sowie Trinkgeld. Wer draußen in großen Zelten feiern will, muss allein für die Leihzelte 200 bis 350 Euro pro Stück rechnen – plus Transport und Aufbau. Musik kann teuer werden. So kostet eine Tanzband ca. 1.500 Euro, ein DJ mit Anlage ca. 400 Euro. Rechnen Sie pro Gast mit mindestens 40 Euro, es können aber leicht auch bis 100 Euro zusammenkommen.

Hinzu kommen all die Nebenkosten, die man vorher möglicherweise gar nicht auf der Rechnung hatte: Die standesamtliche Trauung kostet Gebühren (für zwei Deutsche: 33 Euro; ist ein Partner Ausländer: 55 Euro; heiraten Sie nicht an Ihrem Wohnort, werden wieder 33 Euro fällig, plus 12 Euro für Urkunden plus 3,50 Euro für Porto), die Kirche dankt für eine Spende, der Organist für eine Gage, mindestens 60 Euro wird man für alle Urkunden los.

Ein Brautkleid kostet unter Umständen einen vierstelligen Betrag (siehe Seiten 93-95). Sein Anzug kostet im Schnitt die Hälfte. Dazu die Ringe (ca. 500 Euro), die Blumen, Musik und die Dekoration in der Kirche, ein Fotograf vielleicht (ab 120 Euro) oder Filmer (ab 300 Euro).

Manche dieser Kosten sind ein Muss, andere nicht. Machen Sie sich Listen (siehe Seite 94/95 und 130) – und entscheiden Sie in Ruhe, was Sie unverzichtbar finden, was Sie vielleicht auch gebraucht bekommen oder selber machen können und was ganz wegfallen kann.

Leider muss bei aller Romantik gleich am Anfang vom Geld gesprochen werden. Erst wenn Sie die Finanzfragen geklärt haben, können Sie mit Lust ans Planen gehen.

Elisabeth und Felix haben sechs Jahre miteinander gelebt. *Als der kleine Sohn auf die Welt kam, beschlossen die beiden zu heiraten. Das war der Beginn einer langen Reihe von Fragen, Zweifeln und Recherchen. Es sollte ein großes Fest werden, rauschend, einmalig und wunderschön, am liebsten an einem romantischen Ort. Einem malerisch verkommenen, noch nicht renovierten Schloss in Mecklenburg mit Park, das allen Gästen viel Bewegungsfreiheit bietet und eine geradezu filmreife Kulisse abgeben würde für lange, weiß gedeckte Tafeln mit großen barocken Kerzenleuchtern. Und am anderen Morgen würden sich alle noch einmal treffen, zusammen frühstücken und danach einen langen Spaziergang machen.*

Das alte Schloss kannten die beiden wirklich. Freunde hatten ihnen davon erzählt. Es ist malerisch, mit Park und Teich, aber bar jeglichen Komforts wie etwa Schlafgelegenheiten, Duschen oder ausreichenden Toiletten. Wie würde sich das auf die Feststimmung auswirken? Würden vielleicht aus dem Teich im Park Schwärme von Mücken aufsteigen und mitfeiern wollen? Wie würde man Kleinkinder daran hindern können, dem Teich zu nahe zu kommen? So weit, so fraglich.

Erst einmal sehen, wie viele Gäste es denn werden, sagten die beiden und schrieben, jeder für sich, eine Liste von Leuten auf, die sie gerne einladen würden: Es waren zusammen 150 Erwachsene mit 60 Kindern zwischen 6 Monaten und 6 Jahren. Das Getümmel kann man sich mühelos vorstellen, und die genervten Eltern würden das ganze Fest über nicht zur Ruhe kommen. So ging's nicht, das war klar. Aber was tun, wenn alle Freunde im „Nestbau-Alter" sind und kleine Kinder haben?

Elisabeth und Felix leben in Berlin, doch die meisten ihrer Verwandten und Freunde kommen aus Hamburg – und vermutlich würden sie dort ihre Kinder am ehesten bei Großeltern oder Freunden unterbringen können. Die Wahl fiel also auf Hamburg. Dort gibt es zwar keine romantisch zerfallenen Schlösser mehr, dafür aber eine Reihe feiner Restaurants, Schlosshotels und schön gelegener Landgasthöfe. Alles für dieses Paar zu fein, zu förmlich, nicht originell genug.

Doch ehe die Suche weiterging, musste erst mal die Frage geklärt werden: Wie viel Geld haben wir eigentlich zur Verfügung? Danach richtet sich schließlich der Aufwand: Lokal, Anzahl der Gäste, Art der Bewirtung. Da erweisen sich manche Träume als unbezahlbar, und man muss wieder von vorne anfangen.

Wer soll das alles bezahlen?

Ganz klar das Brautpaar. Früher war das anders: Die Brauteltern bezahlten das Fest mit all seinen Ausläufern; der Bräutigam das Standesamt, die Hochzeitsreise, die Ringe, den Brautstrauß und unter Umständen die Karosse, mit der das Brautpaar zur Trauung fuhr. Auch heute beteiligen sich in den meisten Fällen beide Elternpaare, manchmal auch Paten und Großeltern, an den Kosten. Entweder überweisen sie dem Paar im Voraus einen Geldbetrag oder sie übernehmen einen Teil des Festes.

Die Brauteltern kümmern sich in der Regel um den Empfang nach der Trauung und laden entweder zu sich nach Hause ein oder in ein Restaurant. Das ist keine starre Regel. Die Eltern des Bräutigams haben vielleicht mehr Platz und bitten die Gäste zu sich.

Prominente können ihr Hochzeitsfest von Zeitschriften und Fernsehsendern sponsern lassen (und manche tun das auch). Aus Dänemark kommt der Trend, als Normalsterblicher auf Sponsorensuche zu gehen. Aber wer will schon umgeben von Firmenlogos feiern und die Gäste womöglich in Werbe-T-Shirts antreten lassen?

Klären Sie frühzeitig mit Ihren Verwandten, wer sich finanziell beteiligen kann und will. Scheuen Sie nicht davor zurück, ganz konkret nach dem Betrag zu fragen. Sonst planen Sie womöglich über Ihre Verhältnisse und heiraten sich um Haus und Hof!

Oder Sie folgen dem alten bäuerlichen Brauch, dass alle Gäste ein Geldgeschenk mitbringen und dies – in einem Kuvert – in einen für diesen Zweck bereitgestellten Korb legen.

TIPP **Sie können auch auf der Einladung vermerken: Als Geschenk würden wir uns über einen Geldbeitrag zum Fest freuen. Konto: *** Stichwort: „Hochzeit“. Das erspart den Gästen das Grübeln über ein passendes Geschenk, und die Gastgeber geraten nicht in Armut.**

Einer ist immer beleidigt ...

Wer aus der Familie eingeladen wird und wer nicht, ist unter Umständen ein heikles Kapitel. Grundsätzlich gilt: Es gibt kein Muss. Braut und Bräutigam entscheiden, wer kommen darf, schließlich ist es ihr Fest! Andererseits ist eine Hochzeit traditionell ein Familienfest, deshalb will eine gute alte Sitte, dass zumindest die engsten Familienmitglieder – also Eltern und Geschwister – daran teilnehmen.
Es geht ja auch darum, dass zwei Familien, die künftig öfter miteinander zu tun haben, sich kennen lernen.

Wenn Eltern das Fest bezahlen, haben sie ohnehin ein Mitspracherecht bei den Einladungen. In Zeiten der Patchwork-Familien ist Heiraten allerdings sowieso nicht mehr so übersichtlich wie früher. Kann man den Vater allein einladen, wenn die Mutter dessen neue Lebensgefährtin nicht ausstehen kann? Was ist mit dem zweiten Mann der Mutter, den die Kinder megadoof finden? Onkel Hans ja, die penetrante Tante Emmi nein?

Bei Expartnern, mit denen Sie noch guten Kontakt haben, und ihren neuen Gefährten können Sie sich an die Faustregel halten: Einfach einladen und ihnen damit die Entscheidung zuschieben, ob sie kommen wollen oder lieber doch nicht.

Wer das Fest übersichtlich halten und trotzdem niemanden außen vor lassen möchte, kann die Gästeschar unterteilen:

- Freunde, Bekannte und Kollegen kommen vorab zum Polterabend,
- die Familie und ältere Gäste, die einem lieb sind, werden zum Empfang nach der standesamtlichen Trauung eingeladen,
- für das Fest am Abend bleiben nur ein paar Familienmitglieder und die besten Freunde,
- ... und dann ist da noch ein Haufen netter Leute, die später zu einem kleinen Nach-Fest eingeladen werden.

TIPP **Gehen Sie Ihre Gästelisten noch einmal durch: Sind sie vielleicht im ersten Überschwang zu lang geraten? Sie werden sich mit jedem Gast zumindest einmal unterhalten wollen – und das kann leicht in Stress ausarten, wenn Sie zu viele eingeladen haben.**

TIPP **Wenn Ihnen nicht nach einem großen Familientreffen ist, laden Sie die weitere Verwandtschaft ganz einfach nicht ein. Verschicken Sie Ihre Heiratsanzeige mit der Bitte um Verständnis, dass Sie sich bei der Hochzeit auf einen kleinen Kreis beschränken mussten – auch auf die Gefahr hin, dass viele beleidigt sind. Übrigens: Im Schnitt sagen zehn bis 15 Prozent der Eingeladenen vorher ab.**

Elisabeth und Felix haben für jeden ein Kontingent für die Gästeliste ausgehandelt. *Außer Eltern und Geschwistern stehen nur Paten und je eine Lieblingstante drauf. Insgesamt sind es immer noch viel zu viele, wenn die beiden nachdenklich ihr Konto betrachten.*

Sie sehen, man kann aus dem Ereignis die reinsten Hochzeits-Festspiele machen. Oder zumindest ein festliches Wochenende (am Montag müssen alle ja wieder fit sein). Auch bei dieser Variante können natürlich einige übel nehmen, dass sie nicht zu den A-Gästen, sondern nur zur B- oder C-Auswahl gehören. Aber Leute, die gerne übel nehmen, kommen bei Hochzeiten sowieso immer auf ihre Kosten.

Eine Hochzeitsfeier „ganz für uns"?

Wenn sie mit ihren Überlegungen an diesem Punkt angekommen sind, nehmen manche Paare Abstand von einer opulenten Veranstaltung und beschließen eine Minimal-Inszenierung: Nur die Hauptrollen sind besetzt.

Für Theresa ist bei ihrer Heirat mit Tom alles ganz anders gekommen, als sie es sich einmal vorgestellt hatte:
„Ich habe lange von einer großen Hochzeit geträumt. Aber damals war ich noch mit einem anderen Mann zusammen. Als ich später Tom kennen lernte, war für uns klar, dass wir nie heiraten würden. Er war noch verheiratet, wenn auch lange getrennt.
Mich hat die vorangegangene Enttäuschung gelehrt, wie sehr man sich irren kann, wenn man meint, den Mann fürs Leben gefunden zu haben. Und wir fanden beide, dass es für die Liebe besser ist, wenn sie auf Freiwilligkeit beruht. Da waren wir uns einig.
Dann haben wir aber doch geheiratet. Weil unser kleiner Sohn auf der Welt war. Und weil Kinder extreme Spießer sind und lieber verheiratete Eltern haben. Aber auch, weil wir es uns dann doch ganz schön vorgestellt haben. Ein großes Fest allerdings fanden wir unpassend. Ich merkte, dass ich nicht einmal eine Hochzeit im Familienkreis wollte. Es war ein glasklares Gefühl bei jedem von uns: Dies geht nur uns beide etwas an. Wir heiraten ohne Sohn, ohne Eltern, ohne Trauzeugen. Für unsere Eltern war das die absolute Härte. Uns tat das Leid, aber es änderte nichts an unserem Entschluss. Unsere Hochzeit wurde dann tatsächlich einer der schönsten Tage, die ich bisher erlebt habe.
Wir haben Anfang Dezember geheiratet, auf Sylt. Es war ein strahlend schöner Tag, ganz mild. Wir wohnten in einer Suite des teuersten und schönsten Hotels der Insel. Das kostete genauso viel, wie wir für eine große Feier bezahlt hätten.
Nach dem Standesamt standen wir auf der Hotelterrasse in der Sonne und haben Champagner getrunken. Dann sind wir eine Stunde am Strand entlanggelaufen zum „Sansibar", haben dort Austern gegessen. Den Nachmittag haben wir in unserer Suite am Kamin verbracht und abends im Hotel fürstlich gespeist. Erst dann habe ich meine besten Freunde angerufen, um mich telefonisch ein bisschen feiern zu lassen."

Anfang Dezember ist nicht gerade Hochzeitssaison und alles ausgebucht. Da kann man wie Theresa und Tom noch kurzfristig planen. Aber ganz allgemein gilt: Man kann gar nicht früh genug anfangen.

Der Countdown läuft

Sie werden sich wundern, wie lange vorher besonders beliebte Kirchen, Gaststätten, ja sogar Standesämter ausgebucht sind. Und dann müssen Sie noch allerlei Papiere zusammentragen, was auch nicht immer auf Anhieb gelingt. Wenn Sie ein Jahr vor der geplanten Hochzeit schon mal die wichtigsten Reservierungen machen – mit Kirche und Restaurant beginnend und/oder Standesamt danach, sind Sie gut in der Zeit und kommen nicht in Stress. Standesämter kann man mancherorts erst sechs Monate vorher buchen, begehrte Hochzeitskirchen und Lokale haben oft längere Wartezeiten.

Wenn diese Eckdaten stehen, sollten Sie ein halbes Jahr vor der Trauung mit den konkreten Vorbereitungen beginnen – jedenfalls, wenn es eine große Hochzeit werden soll. Eine Liste, was wann fällig ist, hilft Ihnen, den Überblick zu behalten (siehe nächste Seiten).

Ihr Terminplan bis zur Hochzeit

Das ist jetzt der Reihe nach zu tun:

12 bis 6 Monate vorher

- Hochzeitsdatum festlegen (aber nicht zu genau, es kann noch Verschiebungen geben).
- Die Elternpaare miteinander bekannt machen (falls das noch nicht geschehen ist) und mit beiden das Fest besprechen.
  Wie viel Aufwand (auch finanziell) ist für alle Beteiligten möglich und angemessen? Sonst gerät womöglich eine Familie unter Druck, weil sie nicht „mithalten" kann.
- Dokumente beschaffen (Seite 40-42).
  Hat ein Partner einen ausländischen Pass oder ist geschieden? Dann brauchen Sie hierfür vielleicht mehr Zeit!
- Budget für die Feier festlegen und gleich eine Liste aller voraussichtlichen Ausgaben machen (siehe Seite 130).
  Was können und wollen Sie sich leisten? Wie groß soll das Fest sein, wie fein das Essen, wie ausgefallen die Musik?
- Termine beim Standesamt und bei der Kirche machen.
- Ein Lokal oder unbewirtschaftete Räume suchen und reservieren.
  Ist der Festort sehr beliebt? Dann fragen Sie lieber schon ein Jahr vorher an, damit Sie bei einer Absage noch eine gleichwertige Alternative finden können.
- Musik auswählen und bei gefragten Profis (ob Musiker oder DJ) jetzt schon den Termin sichern.
- Fotograf oder Videofilmer? Jetzt entscheiden und bei gefragten Profis gleich das Datum abmachen.
- Den Festablauf ungefähr planen.
- Gästelisten schreiben.

4 Monate vorher

- Die kirchliche Zeremonie mit dem Pfarrer, der Pastorin besprechen.
  Sind für die kirchliche Trauung zusätzliche Dokumente (Seite 42) nötig? Wie soll der Ablauf sein, welche Musik, welche Dekoration wünschen Sie sich?
- Aufgaben für das Fest verteilen. Gebraucht werden zuverlässige Freunde, die z. B.
  - Planung und Vorbereitung koordinieren,
  - Quartiere besorgen,
  - Mitfahrgelegenheiten organisieren,
  - Auskunftsstelle für alle Eingeladenen sind,
  - den Festort dekorieren,
  - Kinder betreuen.

- Hochzeitskleid, eventuell Smoking aussuchen und kaufen bzw. beim Verleih für den Hochzeitstermin buchen.
- Eheringe aussuchen, eventuell in Auftrag geben.
- Einladungen gestalten oder in Auftrag geben.
  Nicht vergessen: einen Vermerk wie „Bitte lasst uns bis zum (Datum) wissen, ob Ihr dabei sein könnt".
  Wenn eine „Kleiderordnung" gewünscht ist (festlich oder ganz leger), sollte das auf der Einladung stehen.
- Live-Musik/DJ aussuchen und buchen bzw. den vereinbarten Termin bestätigen.

3 Monate vorher

- Einladungen verschicken.
  Eine Liste, auf der Sie Zu- und Absagen sofort eintragen können, hilft, den Überblick zu behalten.
  Nicht vergessen: Informationen über Anreise und Anfahrtswege, Parkmöglichkeiten, eventuell eine Liste von Hotels/Pensionen (mit Preisangaben) und Ihren Geschenkwunsch.
- Eheringe kaufen.
- Hochzeitsreise planen und buchen.
  Brauchen Sie Impfungen? Sind die Pässe noch gültig?
- Haben Sie in der Firma Ihren Urlaub angemeldet?

2 Monate vorher

- Buchungen überprüfen.
  Sind alle Reservierungen bestätigt?
- Details der Feier mit dem Restaurant/dem Caterer, dem Vermieter von Räumen, den Helfern besprechen.
  Wann genau muss der Festort für Sie frei sein, wie lange (inklusive Aufräumen) brauchen Sie ihn?
  Steht der Menüplan?
- Anreise der Gäste organisieren.
  Wer braucht eine Mitfahrgelegenheit, wer hat Plätze frei?
- Kinderbetreuung organisieren und klären, wer sich um ältere/hilfsbedürftige Gäste kümmert.
- Friseurtermin für die Braut vereinbaren.

1 Monat vorher

- Notartermin, wenn ein Ehevertrag (Seiten 143/144) geplant ist.
- Bei Namensänderungen neue Dokumente beantragen (Personalausweis, EC-Karte, Führerschein, Kfz-Brief, Kreditkarten); Banken und Versicherungen informieren.
  Brauchen Sie neue Visitenkarten, wollen Sie den Telefonbucheintrag ändern lassen?
- Neue Adresse bekannt geben.
- „Hausdienst" organisieren: Wer nimmt während der Hochzeit Telefonate, Blumen oder Pakete an?

2 Wochen vorher

- Sitzordnung festlegen.
- Tischkarten schreiben oder bestellen.
- Heiratsanzeige/Karten schreiben und/oder in Auftrag geben.
- Buchung der Hochzeitsreise noch einmal prüfen.

1 Woche vorher

- Friseurtermin für die Braut machen, wenn noch nicht geschehen.
- Für die Hochzeitsreise packen, Urlaubsadresse hinterlassen.
- Termine mit Caterer, Fotograf bzw. Videofilmer noch einmal bestätigen lassen, eventuell Partyzelt und Tische bestellen.
- Brautstrauß bestellen.

1 Tag vorher

- Blumen zur Kirche liefern lassen.
- Garderobe und Zubehör zurechtlegen.
  Kommt der Brautstrauß rechtzeitig?
  Ist die Fahrt zum Standesamt, zur Kirche organisiert?
- Ringe und Urkunden bereitlegen.
- Kleingeld für Kollekte und Trinkgelder einstecken.
- Zum Friseur gehen.
- Zelt aufstellen und Möbel anliefern lassen, wenn geplant – aber das und auch die Dekoration und alles andere rund ums Fest erledigen doch andere für Sie, oder?

Nach der Hochzeit

- Bedanken fürs Kommen und für Geschenke.
- Namensänderung und/oder die neue Adresse dem Arbeitgeber mitteilen.
- Die Steuerklasse beim Finanzamt ändern lassen.
- Namen ändern lassen in allen wichtigen Dokumenten, wenn nötig und noch nicht geschehen. (Siehe auch Seite 154.)

Wenn Sie kirchlich heiraten

Für Ehen, die im Himmel geschlossen werden sollen, ist die Kirche zuständig. Ein Paar kann auch dann kirchlich getraut werden, wenn nur einer der Partner der Kirche angehört, nach deren Ritus das Paar heiratet. Voraussetzung ist das Versprechen, diesem Glauben treu zu bleiben und die gemeinsamen Kinder in diesem Glauben taufen zu lassen und zu erziehen. Falls ein Partner jüdischen, moslemischen oder hinduistischen (also nicht-christlichen) Glaubens ist oder keiner Religionsgemeinschaft angehört, wird dem Glaubensversprechen hinzugesetzt: „Wenn dieses in der Ehe möglich ist". Dieses Zugeständnis der Kirchen ist neu. Damit fordern sie jetzt lediglich, dass der nicht-christliche Partner über das Versprechen unterrichtet sein muss, damit der „**Dispens** (= Befreiung) vom Ehehindernis der Religionsverschiedenheit" erteilt werden kann.

Die zweite wichtige Voraussetzung: Gottes Segen ist exklusiv und einmalig. Die christlichen Kirchen betrachten die Ehe als unauflöslich. In der katholischen Kirche werden Geschiedene deshalb nicht noch einmal getraut. Bei den Protestanten gibt es Ausnahmen, die eine höhere Instanz der Kirche genehmigen muss.

Sind die beiden Partner Mitglieder verschiedener christlicher Kirchen, ist eine „Erlaubnis zum Abschluss einer konfessions-verschiedenen Ehe" nötig, die aber problemlos erteilt wird. Die Paare können dann selbst entscheiden, ob sie sich zum Beispiel in einer katholischen oder einer evangelischen Kirche nach dem dort üblichen Ritus trauen lassen.

Musik für die Kirche

Beliebte Orgelmusik

- von Johann Sebastian Bach:
  Präludium und Fuge in C-Dur,
  Präludium und Fuge in G-Dur

- von Felix Mendelssohn Bartholdy:
  „Hochzeitsmarsch" aus der
  „Sommernachtstraum"-Musik

- von Richard Wagner:
  „Traulich geführt" aus „Lohengrin"

Klassiker für Sologesang

- das „Ave Maria" von J. S. Bach/Charles Gounod,
- das „Ave Maria" von Franz Schubert,
- das „Halleluja" aus der Mozart-Motette
  „Exultate, Jubilate",
- „Das Gebet" von Hugo Wolf

Noten und Texte zum Selberspielen

Wer ein musikalisches Solo plant, findet Anregungen und Noten in dem Buch „Die schönsten klassischen und populären Melodien (für Gesang oder Soloinstrumente)", Schott Verlag

In vielen Kirchen gibt es eine Hi-Fi-Anlage, so dass außer Live-Musik auch CDs gespielt werden können:

Hochzeitsmusik auf CD

Wedding Classics. Virgin Cla
(EMI-Vertrieb)
Reich mir die Hand, mein Leben.
Die schönsten Melodien zur Hochzeit.
Kreuz
Musik zur Hochzeit – Ja, ich will.
RCA

Die katholische Kirche rät ihren Pfarrern, bei ökumenischen Hochzeiten die übliche Trauungsmesse, die für den nicht-katholischen Teil der Hochzeitsgesellschaft fremd und unverständlich sein könnte, durch einen „Wortgottesdienst" zu ersetzen; das ist eine Feier ohne die Liturgie der Messe. In vielen Fällen wirken bei einer ökumenischen Trauung je ein Geistlicher beider Konfessionen mit.

Wichtig **Paare müssen sich vor der Trauung nicht nur anmelden, sondern die Zeremonie mit dem Pfarrer, der Pastorin persönlich durchsprechen. In vielen Gemeinden sind Vorbereitungsseminare üblich, in denen auch Fragen zur Zeremonie geklärt werden. Den Trauspruch zum Beispiel darf man nicht aus irgendeinem Gedichtband aussuchen oder gar selber dichten. Er muss aus der Bibel kommen. Beliebt ist u. a.: „Wo du hingehst, da will auch ich hingehen, wo du bleibst, da bleibe ich auch. Dein Volk ist mein Volk, und dein Gott ist mein Gott. Wo du stirbst, da sterbe auch ich, da will auch ich begraben werden.**
Der Herr tue mir dies und das, der Tod muss mich und dich scheiden."
(Das sagt Ruth allerdings nicht zu ihrem Mann, sondern zu ihrer Schwiegermutter.) Aus dem Alten Testament: Ruth 1,16.

Vor den Altar treten kann ein Paar erst, nachdem es auf dem Standesamt getraut wurde oder dort zumindest angemeldet ist. Für die katholische Kirche sind die Partner erst dann Mann und Frau, wenn sie einander „das Sakrament der Ehe gespendet haben", wie das in der Sprache der Kirche heißt, und der Priester diesem Bund seinen Segen gegeben hat.

TIPP **Wenn Sie von einem Geistlichen aus dem Verwandten- oder Freundeskreis getraut werden möchten, scheuen Sie sich nicht, dem zuständigen Pastor oder Pfarrer diese Bitte vorzutragen. Es wäre ungewöhnlich, wenn er sich damit nicht einverstanden erklärte.**

So oder so: der Weg zur Trauung

Getrennt kommen, vereint gehen – so will es der Brauch. Das heißt: Zum Standesamt oder zur Kirche fahren die Hochzeiter getrennt, jeder mit seinen Eltern oder Trauzeugen. Ein ungeschriebenes Gesetz sieht vor, dass der Bräutigam zuerst da ist und die Braut vor dem Eingang empfängt.

Noch zeremonieller sind die Bräuche beim Gang zum Altar: Das Brautpaar kommt erst, wenn alle Gäste schon in der Kirche versammelt sind (die ersten Bankreihen werden für die nahen Angehörigen reserviert). Die Orgel setzt ein, und das Paar schreitet mit seinem Gefolge bei rauschendem Orgelklang durch den Mittelgang: die Braut rechts vom Bräutigam; dahinter die Trauzeugen. Man kann das Ganze – der Tradition zuliebe – noch spannender machen: Der Bräutigam (mit Trauzeugen) ist vor der Braut in der Kirche. Er wartet vorne auf die „Prinzessin", die von ihrem Vater begleitet und dem künftigen Mann sozusagen „zugeführt" wird. Das ist wenig zeitgemäß, aber neuerdings offenbar wieder im Trend.

Nach der Trauung geht das Paar vor allen anderen aus der Kirche und bleibt ab jetzt auch zusammen – die Braut wieder rechts. Dann folgen die Angehörigen und Gäste.

Zeremonie ohne Kirche

Zu einer Kirche gehören sie nicht. Die eher nüchterne Trauung auf dem Standesamt als einzige Zeremonie an diesem entscheidenden Tag ihres Lebens empfinden sie als unbefriedigend. Deshalb suchen sich mehr und mehr Paare einen freischaffenden Theologen wie Klaus Behner, der mit ihnen zusammen eine Feier entwirft und zelebriert. Ich habe ihn gefragt, wie das abläuft.

Ist das Ritual mit einem freien Theologen ein Ersatz für die kirchliche Trauung?

Die Erinnerungen an kirchliche Zusammenhänge spielen sicher eine Rolle. Da aber weder der freie Theologe noch die Paare in einer Kirche beheimatet sind, lässt sich nicht einfach von einem Ersatz sprechen. Es ist eine andere Art feierlichen Hochzeitsversprechens, eine Feier außerhalb vorgegebener Institutionen, die sich aber nicht gegen eine Kirche richtet.

Was ist anders bei Ihren Trauungen?

Bei mir gibt es keine inhaltlichen Vorgaben, es werden keine bestimmten Glaubensaussagen von mir vorausgesetzt, und ich habe auch keine entsprechenden „Botschaften" zu verkünden. Im Mittelpunkt stehen die „Botschaften" des Paares, die Geschichte der beiden und die besondere Bedeutung, die der andere für sie hat.

Haben die Paare denn eine Vorstellung, wie die Zeremonie vor sich gehen könnte?

Es gibt immer Bilder und Vorstellungen, die sich an Vorgänge aus Kirche, Kino, Fernsehen anlehnen. Die Vorstellungen, was ihnen bei ihrer Hochzeitsfeier ganz besonders wichtig ist, sind aber bei allen Paaren zunächst unbestimmt. In der Vorbereitung helfe ich ihnen dabei, das herauszuarbeiten und dann in der Feier zum Ausdruck zu bringen.

Kann man die festen, vertrauten Rituale der Kirche neu erfinden?

Da gibt es nichts neu zu erfinden. Bestimmte Rituale gehören einfach dazu und finden sich in Variationen vermutlich in allen Formen der Hochzeit wieder: Im Mittelpunkt steht immer ein öffentliches Versprechen vor den Menschen, die dem Brautpaar wichtig sind. So braucht der Ablauf einer solchen Zeremonie auch gar nicht so ganz anders zu sein als in einer Kirche. Doch die wichtigsten Texte und auch die Musik wählen die Brautleute selber aus – bis hin zum Text des Hochzeitsversprechens.

Was empfehlen Sie als Hochzeitsversprechen?

Das kann ein Zitat aus dem Alten Testament sein, wie das bekannte: „Wo du hingehst, will auch ich hingehen ..." (siehe Seite 24) oder „Ich will dir zunicken, selbst wenn die ganze Welt den Kopf über dich schüttelt" oder eine eigene Formulierung. Wenn das schwer fällt, überlegen wir zusammen, was einer dem anderen versprechen möchte, und ich stelle dann – ähnlich wie es vor dem Altar geschieht – Fragen, die das Brautpaar bejaht. Also entweder sagt die Braut: „Ich will dich lieben in guten wie in schlechten Zeiten" oder ich frage: „Willst du ihn lieben in guten wie in schlechten Zeiten?" Ich schlage den Paaren vor, dabei den Gästen zugewandt zu sitzen und vielleicht im Verlauf der Feier auch Eltern oder anderen Anwesenden etwas ganz Persönliches zu sagen, was man sonst nicht tun würde.

Wie empfinden die Angehörigen so eine alternative Hochzeit?

Viele sind vorher verständlicherweise gespannt bis skeptisch. Aber in der Feier werden die meisten bald von der offenen, sehr persönlichen Atmosphäre eingenommen und sind berührt.

Halten Sie eine Rede?

Ja, das ist ein Teil der Feier. Zur Vorbereitung gehört für mich ein intensives Kennenlernen der Lebensgeschichte der beiden, ihrer Lebenseinstellung, was den beiden wichtig ist. Daraus speist sich der Hauptteil meiner Rede.

Immer noch: Bis dass der Tod uns scheidet? Oder formulieren Sie das Versprechen vorsichtiger?

Diese kirchliche Formulierung kommt bei uns nicht vor. Andererseits steht hinter jedem Eheversprechen der Wunsch nach Dauer. Auch dann noch, wenn es die dritte Trauung ist. Alle spüren, dass ins Heiraten immer das ganze eigene Leben hineinspielt: Zwei Lebenswege laufen aufeinander zu und gehen fortan zusammen weiter. Die Menschen, die Zeugen des Versprechens sind, verstärken es, geben dem Versprechen Halt.

Wie finden Paare einen freien Theologen?

Durch Freunde, die solch eine Feier miterlebt haben, durch Hochzeitsjournale, oder – das gilt für die meisten – durch das Internet (www.braut.de oder www.ratgeber.Hochzeit.de, www.anders-heiraten.de).

Es gibt inzwischen rund 20 freie Theologen in Deutschland und in der Schweiz.

Hat da jeder seinen eigenen Bezirk?

Nein. Geheiratet wird ja heute längst nicht immer am Heimatort. Es gibt räumliche Schwerpunkte unserer Arbeit, aber auch ständig Überschneidungen.

Kommen Sie zu dem Ort, den sich die Hochzeiter ausgesucht haben?

Ja, das kann eine Burg sein oder ein Nebenraum des Festlokals, das kann unter freiem Himmel sein oder zu Hause. Das Paar bestimmt den Ort, den Ablauf der Trauung und die Musik. Für mich gehört Musik immer dazu.

Wie viel Honorar bekommen Sie?

Die Stunde der Zeremonie ist frei. Für die Vorbereitung berechne ich 50 Euro die Stunde. Dabei ergeben sich Honorare zwischen 500 und 750 Euro, Reisekosten gehen extra.

Heiraten kann man überall

Eine kleine Barockkirche, in einem Schlosspark abgeschieden gelegen, mit einer schönen alten Orgel und einem genialen Organisten, das wäre für viele Paare die Endstation Sehnsucht. Überall gibt es solch romantische Gotteshäuser, die Hochzeitskirchen. Und Sie dürfen sich dort auch trauen lassen, wenn Sie einen Termin bekommen. Sie brauchen lediglich den **Dispens,** also eine (schriftliche) Erlaubnis vom Geistlichen Ihrer Gemeinde.

Was viele nicht wissen: Heiraten geht überall. Das gilt auch für das Standesamt, den Ort, wo selten Rührungstränen fließen. Die Trauung ist hier meist ein eher nüchterner Akt in einer Umgebung, die mehr an Aktenordner als an Weihrauch erinnert. Doch das muss nicht sein: Für die vielen Paare, die heute ausschließlich standesamtlich heiraten, gibt es Möglichkeiten, der Trauung vor dem Gesetz mehr Glanz und Würde zu verleihen.

An vielen Orten gibt es besondere, idyllische Standesämter, die bei langfristiger Terminvereinbarung auch auswärtige Hochzeiter trauen. Heiratswillige Paare müssen sich aber zunächst auf jeden Fall – und zwar persönlich – im zuständigen Standesamt am Wohnort eines der beiden Partner anmelden (das ist das Standesamt des Bezirks oder der Gemeinde, wo eine/r von Ihnen gemeldet ist). Dort hinterlässt man die nötigen Urkunden (Seite 40/41). Nach Prüfung stellt der Beamte eine **Heiratsermächtigung** aus und schickt sie zusammen mit allen Unterlagen an das Standesamt Ihrer Wahl (innerhalb Deutschlands!) weiter. Einen verbindlichen Termin zur Trauung bekommen Sie, sobald die Dokumente dort eingetroffen sind.

Grundsätzlich brauchen Sie zum Heiraten aber weniger das Amt als den Standesbeamten. Nicht alle Paare müssen aufs Standesamt, unter Umständen kommt das Amt zu ihnen. Dazu ist der Beamte zwar nicht verpflichtet, aber viele erfüllen den Wunsch. Die Umstände sind:
Der Standesbeamte muss in seinem zuständigen Bezirk trauen. Er kann also – egal ob im Museum, auf dem Dampfer, in der Spielbank oder in einem Club – nur tätig werden, wenn er die Bezirksgrenzen nicht überschreitet, und er darf dann nur außerhalb seiner üblichen Sprech- oder Amtsstunden außerhalb des Amtes trauen. Und Extraservice kostet Extragebühren (zusätzlich zur Standardgebühr) von ca. 150 Euro.

TIPP **In immer mehr Orten sind Trauungen beispielsweise in einem würdevollen Raum des Rathauses, in einem alten Herrenhaus, auf einem Schiff oder in einem Museum, sogar in der freien Natur möglich. Das Entgegenkommen hat allerdings Grenzen – Trauungen auf Berggipfeln oder unter Wasser gibt's bei uns nicht. Kommentar einer Standesbeamtin: „Wir haben hier keine amerikanischen Verhältnisse!"**

Ganz allgemein werden Standesämter service-freundlicher, soweit das machbar ist. Das Standesamt Münster zum Beispiel hat damit angefangen, Live-Übertragungen (kostenlos!) anzubieten, damit auch Oma aus der Ferne die Trauung miterleben kann. Neulich haben dort ein Indonesier und eine Deutsche geheiratet. Die beiden hatten der großen Familie in Indonesien vorher den Termin mitgeteilt, und alle fernen Verwandten mit Zugang zum Internet konnten über die Homepage (www.muenster.de/Stadt/Standesamt) als virtuelle Gäste an der Zeremonie teilnehmen. Inzwischen haben andere Standesämter – zum Beispiel in Köln – die Idee aufgegriffen, die sich sicher noch weiter ausbreitet.

Anja und Jörg sind seit mehr als zehn Jahren zusammen und haben eine dreijährige Tochter. *Jetzt wollen sie ihre Beziehung amtlich beglaubigen lassen, weil die „wilde Ehe" mit einem Kind etwas mühsam ist: „Wenn du zusammenlebst, nicht verheiratet bist und ein Kind hast, hast du alle Nachteile einer allein erziehenden Mutter plus alle Nachteile einer verheirateten Mutter", hat Anja festgestellt. „Das heißt, einerseits keine Steuererleichterung, aber andererseits auch in vielen Fällen kein Erziehungsgeld, kein Wohngeld, kein bevorzugter Platz bei einer Tagesmutter, weil du ja mit jemand zusammenlebst, der verdient."*

Über ihre Trauung erzählt Anja: *„Wir haben es niemand vorher gesagt. Unser einziger Trauzeuge war unsere kleine Tochter. Nachdem wir mit der netten Standesbeamtin geklärt hatten, dass wir auf Rede und Ringwechsel verzichten möchten, hat sie uns sang- und klanglos getraut. Am Ende sagte unsere kleine Tochter: ‚Ich will auch heiraten!' ‚Aber wen denn?', fragte die Standesbeamtin. ‚Papa.' Daraufhin wurde die Prozedur als kleines Spiel wiederholt, und der frisch gebackene Ehemann verließ die Stätte als Bigamist."*

Anja hat – wie heute vielfach üblich – ihren Familiennamen behalten, während das Kind den Vaternamen bekam. Nachträglich stellt Anja nun fest, dass sie all die kleinen Ärgernisse von vorher mit in die Ehe genommen hat. „Wenn du nicht den gleichen Namen hast, bist du ständig in Erklärungsnot. Besonders bei Vermietern. ‚Ja, wir heißen Meier und Müller, aber wir sind dennoch verheiratet.' Wenn ich Frau Müller bin und mein Mann Herr Meier, kriege ich nicht das Paket für ihn bei der Post, kann den Empfang eines Einschreibens nicht bestätigen. Und wenn wir zusammen vorgestellt werden, kriegt der zweite automatisch den Namen, der zuerst genannt wurde. Und wenn ich als Mutter einen anderen Namen trage als meine Kinder, gerate ich dauernd in den Verdacht, nicht die Frau, sondern die Freundin des Vaters zu sein." Nun überlegt Anja, ob sie nicht doch lieber den Namen ihres Mannes annimmt.

„Unsere" Braut Elisabeth will wie die meisten ihrer Freundinnen ihren Geburtsnamen behalten, was jetzt gang und gäbe ist (und in Italien, den Benelux-Staaten und Spanien längst so war).

Jeder darf seinen Namen behalten

Heute sind Ehepaare nicht mehr am gemeinsamen Nachnamen zu erkennen. Es gibt vier Möglichkeiten:

1. Frau nimmt Namen des Mannes an.
2. Mann nimmt Namen der Frau an.
3. Der Doppelname für den, der seinen Namen zu Gunsten des Familiennamens des Partners aufgegeben hat. Er kann ihn mit Hilfe eines Bindestrichs vorne oder hinten wieder dranhängen. Der Doppelname ist aber nur begrenzt haltbar, er wird nicht zum Familiennamen und nicht auf die Kinder übertragen.
4. Beide heißen nachher so verschieden wie vorher. Die Kinder aus einer Ehe bekommen ohne Ausnahme alle seinen oder ihren Familiennamen, die Eltern sollten sich also rechtzeitig einigen. Vor der Ehe geborene Kinder werden durch die Heirat im juristischen Sinn ehelich, wenn eine Vaterschaftsanerkennung (Jugendamt) vorliegt. Kinder aus einer anderen Verbindung müssen – das Einverständnis aller vorausgesetzt – vom neuen Partner adoptiert werden, um den gleichen Namen zu bekommen.

Wussten Sie eigentlich,

... dass in Deutschland ursprünglich allein die Kirche für Eheschließungen zuständig war?

„Erst" 1875 hat der damalige Reichskanzler Otto von Bismarck das Standesamt eingeführt.

... dass der Brautschleier schon im Altertum getragen wurde und heute in vielen Kulturen zu Hause ist?

Ursprünglich sollte er die Braut vor den Blicken des Bräutigams und aller Zuschauer abschirmen. „Enthüllt" wurde sie erst nach der Hochzeit. Nach anderen Überlieferungen soll der Schleier auch vor bösen Blicken und Geistern schützen.

... dass der Brautraub früher sogar Geld eingebracht hat?

Kurz vor dem Kirchgang wurde die Braut von jungen Leuten aus ihrem Heimatdorf entführt und versteckt. Der Bräutigam musste sie freikaufen – mit Bargeld oder Getränken.

... dass es bereits im späten Mittelalter Flitterwochen gab?

Das Wort kommt vom mittelalterlichen „vlittern", was so viel wie flüstern, liebkosen bedeutet.

... dass es schon bei den alten Römern üblich war, den Hochzeitskuchen anzuschneiden und unter den Gästen zu verteilen?

Allerdings hatten diese Hochzeitskuchen keine Ähnlichkeit mit den heute üblichen Torten. Dass aus dem Kuchen mehrstöckige „weddingcakes" wurden, wird den Engländern in die Schuhe geschoben. Schon vor Jahrhunderten brachten die Gäste Kuchen mit, die übereinander gestapelt wurden. Das Brautpaar musste sich über den Kuchenstapel hinweg küssen, ohne ihn umzustoßen.

... dass eines der ersten weißen Brautkleider 1840 von der englischen Königin Victoria getragen wurde?

Der Traum aus weißem Satin war tailliert und hatte einen weiten Rock mit Schleppe – ein Trend war geboren.

... woher das englische Wort „honeymoon“ (für Flitterwochen) kommt?

Nach einem altsächsischen Brauch trank das Hochzeitspaar einen „Mond“, also einen Monat lang, täglich ein Glas Honigwein. Das sollte den Partnern helfen, einander langsam näher zu kommen – denn damals kannte man seinen Ehegefährten vor der Hochzeit kaum.

... was die Morgengabe ist?

Dieses Geschenk (meist ein Schmuckstück) verehrte der Mann seiner Ehefrau nach der Hochzeitsnacht. Die Wurzeln des Brauches reichen in die Zeiten des Brauthandels zurück, als der „Preis“ einer Braut und auch der Wert der Morgengabe im Hochzeitsvertrag genau festgelegt wurden.

... dass die Liebesheirat noch ziemlich jung ist?

Sie hat sich erst Anfang des 19. Jahrhunderts im Bürgertum durchgesetzt. Vorher war die Ehe mehr oder weniger ein finanz- oder familienpolitisches Geschäft. Liebe galt dabei eher als hinderlich.

... warum Braut und Bräutigam Münzen werfen?

Weil dann die Kinder der Gäste herbeilaufen und freudestrahlend die Münzen einsammeln. Und nach dem Volksglauben geht dieses Glück auf die späteren Kinder des Paares über.

... was es mit dem Schleiertanz auf sich hat?

Um Mitternacht lockert die Braut den festgesteckten Schleier und tanzt mit verbundenen Augen allein. Wenn die Musik stoppt, stürzen sich die unverheirateten Freundinnen auf den Schleier und versuchen, ein Stück davon abzureißen – das soll ihnen einen Anteil am Glück der Braut sichern. Wer das erste Schleierstück erwischt, wird die nächste Braut.

... wie die Braut den Hochzeitsstrauß richtig wirft?

Sie postiert sich in einiger Entfernung mit dem Rücken zu den unverheirateten weiblichen Gästen und schleudert ihren Strauß möglichst weit zurück. Wer ihn fängt, wird als Nächste Hochzeit feiern.

... seit wann es Heiratsanzeigen gibt?

Im 18. Jahrhundert fand sich in der „Berliner Zeitung“ erstmals eine Mitteilung, dass ein „ehrengeachteter Jüngling eine tugendsame Jungfer zum Weibe genommen“ habe. Das hat weitere Brautleute auf die Idee gebracht, ihre Heirat auf diese Art bekannt zu geben.

Eine Hochzeit, drei Feste

Früher wurden alle Stationen der Hochzeit in einen Tag gepackt. Ein Ereignis, nach dem oft alle Beteiligten völlig geschafft zusammenbrachen. Bis auf das Brautpaar, das sich rechtzeitig aus dem Staub gemacht hatte, um sich auf der Hochzeitsreise zu erholen. Heute zieht sich das Fest manchmal tagelang hin.

Da ist der Polterabend, auch „Cometogether" oder „Warm-up-Party" genannt, der zwanglos sein soll und nicht aufwändig geplant wird. Dieser Ausstieg aus dem Single-Leben muss nicht mehr direkt am Vorabend der Hochzeit stattfinden – damit am folgenden Tag nicht eine Gesellschaft von „Katern" aufeinander trifft. Gelegentlich feiert die Braut mit ihren Freundinnen und der Bräutigam separat mit seinen Kumpels.

Die standesamtliche Trauung ist in vielen Fällen ein Ereignis im engsten Familienkreis und liegt manchmal schon lange zurück, wenn das Paar zum Altar geht. Falls es nur die Zeremonie im Standesamt gibt, kann diese mit einem großen Frühstück oder Sektempfang mit Finger-Food (und Live-Musik) enden. Der große Empfang dauert zwei bis drei Stunden; die Gäste bleiben etwa eine Stunde (pro Person rechnen die Planer mit zehn Kanapees oder anderen Häppchen). Der kleine Empfang (üblich, wenn dem ein Fest folgt) dauert etwa die halbe Zeit (das heißt sechs bis acht Häppchen lang).

Die kirchliche Trauung wird heute gern auf den frühen Nachmittag gelegt und mündet dann in das Festmahl mit nachfolgendem Tanz.

Das Hauptfest ist nicht mehr eine tagesfüllende Völlerei mit mehrgängigem Essen, Kaffee mit Torte, Büfett am Abend – nicht mehr: Augen zu und durch! Es gibt Erholungspausen zwischen Trauung und Fest. Die Abendveranstaltung kann dann bis zum nächsten Morgen dauern. Deshalb suchen sich die Brautleute gern ein Wochenende aus, damit die Gäste am anderen Tag ausschlafen können.

Sebastian und Cécile haben ihre Hochzeit in zwei kleine Feiern aufgeteilt. *Denn der Wunsch nach einem großen Fest ist bezwingbar, wenn man im achten Monat schwanger ist. Cécile genoss es, dass die Gästeschar überschaubar und das Fest begrenzt blieb. Nach der Trauung fuhren die, die man den engsten Familienkreis nennt, mit einem gemieteten alten Salonschiff langsam die Elbe hinunter. Es war ein lauer Tag, und die Familie saß an Deck und trank sich – die Braut ausgenommen – eine fröhliche Sektlaune an. Auf dem Rückweg stoppte das Boot bei einem wegen seiner altbäuerlichen Einrichtung und gutbürgerlichen Küche beliebten Restaurant im Alten Land. Ende der Seefahrt, die Gesellschaft wurde nach dem Essen mit dem Auto abgeholt.*
Und Ruhepause für Gäste und Braut. Lediglich der Bräutigam und seine Brüder, die Regisseure für den Abend, hatten zu tun. Um 19 Uhr kamen ungefähr 20 Freunde, wurden mit Austern oder Schnittchen beköstigt, die Feier verlagerte sich vom Garten ins Haus. Sebastian und Cécile mussten verschiedene Ehetauglichkeitstests absolvieren, etwa mit verbundenen Augen den Partner auf ein großes Papier malen, das an die Wand gepinnt war. Cécile musste mit verbundenen Augen die Waden aller männlichen Gäste abtasten und herausfinden, welche zu Sebastian gehören. Der wiederum bekam nur die Hände der anwesenden Damen zum Befühlen. Nach bestandener Prüfung wurden die beiden gekrönt, mit einer kunstvoll aus Goldpapier ausgeschnittenen Krone. Weil es ein Werktag war und alle am anderen Tag wieder fit sein mussten, ging das beschwingte Fest um Mitternacht zu Ende.

Felix und Elisabeth, das Paar, das wir hier begleiten, wollen ausgedehnt und durchaus üppig feiern. *Damit die Kosten dennoch im Rahmen bleiben, planen sie nach dem Standesamt einen Empfang (Suppe und Bruschetta) bei Felix' Mutter im Garten. Dort soll es auch zum Ausklang des Festes ein gemeinsames Frühstück am späten Morgen nach der Hochzeit geben. Ganz einfach (Kaffee, Tee, Croissants). Bei Regen im Haus.*

Die Zeit der Vorbereitung

Wer denkt, er kann nur mit seinem Personalausweis zum Standesamt gehen, der ist noch nicht heiratstauglich. Ein solch einschneidendes Ereignis braucht eine Reihe von Urkunden, die von Amt zu Amt und von Fall zu Fall etwas variieren. Speziell, wenn – wie bei „unserem" Paar Elisabeth und Felix – die Elternpaare jeweils getrennt leben und die beiden schon ein Kind haben. Da muss man eine Weile recherchieren. (Eine Übersicht der nötigen Dokumente finden Sie auf den Seite 40-42.) Hier nur so viel: Die Ziviltrauung ist – anders als die kirchliche – Pflicht, und die Anmeldung beim zuständigen Standesamt auch dann nötig, wenn man in Rom oder auf Mallorca heiraten möchte. Durch dieses amtliche Tor müssen zunächst mal fast alle. (Ein Sonderfall ist zum Beispiel die Heirat in Las Vegas, siehe Seite 81.) Wer sich entschlossen hat zu heiraten, sollte sich ohne zu zögern mit seinem Standesamt in Verbindung setzen, um zu erfahren, welche Dokumente beschafft werden müssen und was in speziellen Fällen vielleicht zusätzlich vorzulegen ist.

Beide Partner müssen belegen, dass sie geboren sind, wo, wann, wer die Eltern sind und so weiter. Bedenken Sie: Ämter-Mühlen mahlen manchmal langsam.

TIPP **Viele Standesämter haben die Liste der notwendigen Papiere ins Internet gesetzt. Bei einigen kann man Urkunden online bestellen. Suchen Sie unter „Standesamt" und dem Namen Ihres Heimatortes.**

Alle Papiere beisammen?

Hier haben wir wieder mal eine Lebenslage, in der man sich einen privaten Personalverwalter wünscht, der immer genau weiß, wo sich welches Papier warum befindet oder wo man es beschaffen kann. Da gibt einem zum Beispiel das unter den Trauungspapieren immer wieder genannte **Familienbuch der Eltern** zu grübeln, aus dem die Abstammung hervorgeht. Das ist nicht etwa das kleine Stammbuch-Album mit Geburts- und Sterbeurkunden, das manche Familien zu Hause haben. Vielmehr handelt es sich um eine Art Karteikartensammlung, die erst nach 1957 in den alten Bundesländern eingeführt wurde und alle amtlichen Familiendaten enthält. Sie ist beim Standesamt am Wohnort der Eltern deponiert und wird immer auf den letzten Stand gebracht. Für eine junge neue Familie, für Sie also, wird entsprechend ein neues Familienbuch angelegt. In dieses Dokument werden später nicht nur die Geburtsdaten der gemeinsamen Kinder, sondern auch Angaben über deren Familienstand im Erwachsenenalter (Heirat, eventuell Scheidung) eingetragen.

Diese Urkunden brauchen Sie

Viele Wege führen in die Ehe. Aber alle beginnen beim zuständigen Standesamt, egal ob an seinem oder an ihrem Wohnort. Dort müssen Sie sozusagen ein Kernpaket von Urkunden abliefern, die das Standesamt prüft, um Ihnen dann die **„Heiratsermächtigung“** auszustellen. Dieses Dokument brauchen Sie in jedem Fall, auch wenn Sie sich zum Beispiel während einer „Heiratsreise“ (Seite 84) im Ausland trauen lassen möchten.

Das frühere **Aufgebot** ist inzwischen ersetzt durch eine persönliche **Anmeldung beim Standesamt.** Wenn ein Partner aus triftigen Gründen nicht selbst kommen kann (etwa weil er sehr weit entfernt wohnt), muss der andere eine **Vollmacht** mitbringen (Formular beim Standesamt).

Wenn Sie beide volljährig und deutsche Staatsbürger sind, brauchen Sie folgende Dokumente:

Personalausweis oder Pass (Einwohnermeldeamt),

Abstammungsurkunde:

Wenn Ihre Eltern nach 1958 in der Bundesrepublik (also in den alten Bundesländern) geheiratet haben, brauchen Sie als Abstammungsurkunde einen beglaubigten Auszug aus dem **Familienbuch** (vom Standesamt am Wohnsitz Ihrer Eltern). Wenn

- Ihre Eltern vor 1958 in den alten Bundesländern geheiratet haben,
- die Ehe vor dem 3.10.1990 in der DDR geschlossen wurde (dort gab es kein Familienbuch),
- Sie außerehelich geboren oder adoptiert sind,

müssen Sie die Abstammungsurkunde beim Standesamt Ihres Wohnorts beschaffen.

Aufenthaltsbescheinigung mit Angabe des Familienstands und der Staatsangehörigkeit (vom Einwohnermeldeamt Ihres Wohnorts). Dieses Dokument darf je nach Amt nicht älter sein als eine bis vier Wochen – fragen Sie nach, bevor Sie es besorgen!

Nachweis über den erlernten und/oder ausgeübten Beruf. Wenn ein **akademischer Grad** in die Heiratsurkunde eingetragen werden soll, brauchen Sie auch darüber einen Nachweis.

Geschiedene brauchen zusätzlich noch eine **rechtskräftige Scheidungsurkunde.** Der Nachweis einer früheren Ehe und Scheidung ist in der Regel in der Abstammungsurkunde bzw. im Familienbuch (siehe oben) enthalten; die Scheidungsurkunde ist dann nicht mehr nötig.

Verwitwete müssen eine **Sterbeurkunde** des gestorbenen Ehepartners mitbringen.

Bei ausländischen Staatsangehörigen (auch EU-Bürgern!) werden zusätzlich folgende Dokumente fällig:

ein **Ehefähigkeits-Zeugnis.** Dieses Dokument bestätigt, dass im Heimatland dieses Partners kein „Ehehindernis" besteht (wie etwa eine bereits geschlossene Ehe). Es wird beim Konsulat oder der Botschaft des Herkunftslandes beantragt. Dazu gehört eine **Bescheinigung** des zuständigen Konsuls oder Botschafters, dass die Behörde, die das Papier ausgestellt hat, dazu auch berechtigt ist.

Wenn das Hochzeitspaar ein gemeinsames Kind hat, werden gebraucht:

die **Geburtsurkunde des Kindes** und eine **Vaterschaftsanerkennung** des Bräutigams (Jugendamt).

Wenn Kinder aus früheren Verbindungen da sind, werden zusätzlich verlangt:

die **Geburtsurkunden** der Kinder und ein **Vermögens-Auseinandersetzungs-Zeugnis** für jedes Kind (Jugendamt bzw. Vormundschaftsgericht am Wohnort der Kinder). Dieses Dokument bestätigt, dass die finanziellen Rechte des Kindes durch die neue Ehe nicht beeinträchtigt werden.

Da es bei speziellen Vorschriften zwischen den Standesämtern Unterschiede geben kann, empfiehlt es sich in folgenden Fällen, beim zuständigen Standesamt des Wohnortes nachzufragen:

- Bräutigam oder Braut haben eine andere Staatsangehörigkeit.
- Einer von beiden ist im Ausland geboren.
- Es gibt minderjährige Kinder aus früheren Verbindungen.
- Einer von beiden (oder beide) haben mehrere Ehen hinter sich.
- Einer von beiden ist im Ausland geschieden worden.

Deutsche, die im Ausland heiraten wollen, brauchen die genannten Papiere, um vom zuständigen Standesamt ein Ehefähigkeitszeugnis zu bekommen.
Was darüber hinaus an Urkunden gefordert wird, ist von Land zu Land verschieden. Auskunft über

- Botschaften und Konsulate,
- das Bundesverwaltungsamt (Adresse: Seite 84)
- oder im Internet: www.honeymoon-highlights.de, www.confettiwelt.de.

Alle Ämter wollen Geld sehen: Die Amtshandlung der Trauung kostet im einfachsten Fall 33 Euro, rund 60 Euro sind für die Papiere und außerdem für Beurkundungen fällig. Diese Dokumente werden auch per Post zugeschickt – aber nur, wenn dem Antrag ein frankierter Rückumschlag beiliegt.

Urkunden für die kirchliche Trauung

Auch die Kirchen wollen Urkunden prüfen.

Das sind bei Katholiken:

- Personalausweis,
- Taufschein (Tauf-Pfarramt),
- Nachweis, dass beide Partner noch nicht verheiratet waren **(Ledigkeitsbescheinigung),**
- Bescheinigung, dass die Ziviltrauung auf dem Standesamt stattgefunden hat oder zumindest angemeldet ist,
- zusätzlich wird manchmal eine **Firmungsurkunde** verlangt (Pfarramt), wenn die Firmung nicht schon auf dem Taufschein vermerkt ist.

Mitglieder der evangelischen Kirchen brauchen:

- Personalausweis,
- Taufschein,
- **Konfirmationsurkunde** (falls die Konfirmaton nicht auf dem Taufschein vermerkt ist),
- Bescheinigung der standesamtlichen Trauung bzw. der schriftlichen Anmeldung.

Für beide Kirchen gilt: Gemeindemitgliedern, die auswärts heiraten wollen, gibt der Pfarrer oder Pastor eine **Traulizenz** mit.

Weitere Infos finden Sie im Abschnitt „Wenn Sie kirchlich heiraten“ auf Seite 22.

Wo wird gefeiert?

Zu Hause? Im Restaurant? Oder an einem Ort, der alle vor Staunen umwirft? Natürlich ist das Fest zu Hause von allen Möglichkeiten die preisgünstigste. Das gilt umso mehr, wenn die Gäste für delikate Zutaten oder für die Getränke sorgen.

Johannes und Thea wollten eigentlich heimlich heiraten. In Berlin. *Aber am Tag zuvor überkam sie ein ungutes Gefühl. Wenigstens die Eltern sollten Bescheid wissen. Sie riefen also an: „Wir heiraten morgen! Aber wir feiern nicht. Wir wollten es euch nur sagen." Nicht ahnend, dass sich die Elternpaare sofort miteinander kurzschließen, in den nächsten Zug setzen und einfach kommen würden. Aber nicht nur das. Sie verständigten auch in Berlin wohnende gute Freunde des Paares: „Kommt einfach, das soll eine Überraschung werden! Und sagt das auch allen anderen!"*

So etwas kann ganz furchtbar danebengehen. Aber hier war die Aktion ein voller Erfolg. In der kleinen Wohnung stand die Klingel nicht still, und die Zimmer füllten sich, bis kaum jemand mehr atmen konnte. Die Überraschungsgäste brachten etwas zu trinken mit; der Bräutigam eilte von Imbiss zu Imbiss und raffte alle Buletten, die er kriegen konnte. Diese ungeplante Hochzeitsfeier wurde das lustigste Fest der Welt, gerade weil keiner irgendwelche Erwartungen hatte und alles improvisiert war.

Gemütlich zu Hause feiern

Ob das Fest gelingt oder nicht, hängt nicht unbedingt von Aufwand und von der Inszenierung ab. Mit wenig Geld schön feiern, das geht auch so: Man bittet alle Gäste, als Geschenk etwas Leckeres mitzubringen und bei der Organisation eines Picknicks im Grünen (in Feld und Wald oder im Park) oder eines Gartenfestes mitzumachen. Bei diesen Wir-helfen-alle-zusammen-Festen sollte man vorher allerdings absprechen, wer was mitbringt, damit am Ende nicht lauter Kartoffelsalate oder nur Kuchen auf den Tisch kommen.

Gartenfeste mit weiß gedeckten Tischen unter Bäumen sind die allerschönsten, solange die Sonne scheint, ein laues Lüftchen weht und nicht gerade Mücken oder Wespen schwärmen.

Aber es gibt Gegenden, Hamburg zum Beispiel gehört dazu, „da regnet es bei jedem Wetter", wie ein Spruch behauptet. Gartenfeste sind jedenfalls immer gefährdet. Da empfiehlt es sich, die **Wetterprognosen** zu beachten und gegebenenfalls kurzfristig noch einmal abzufragen (www.meteodata.com).

Bei erhöhter Regenwahrscheinlichkeit sollte man draußen in Wald und Wiese eine leere Scheune oder einen anderen Unterschlupf kennen (beziehungsweise ein nahe gelegenes Gasthaus). Im eigenen Garten stellt man vorsichtshalber ein Festzelt auf, das so lange als Depot oder Dach fürs Büfett dient, bis die Gäste vor dem Regen hineinflüchten. Dann ist es am besten, in die Wohnung umzuziehen. Keine Sorge: Wenn's da Gedränge gibt, wird es erst richtig gemütlich.

Wer genug Platz in seinen vier Wänden, am Ende sogar einen Garten zur Verfügung hat, der nicht von allen Seiten einsehbar ist, wer beim Partyservice das Essen bestellt (ohne Service auch beim Schlachter, in einem Feinkostladen, in der Lebensmittelabteilung des Kaufhauses), Geschirr und Bestecke sowie vielleicht ein Festzelt kommen lässt, spart Geld und hat alle „Heimvorteile", allerdings auch mehr Arbeit. Da sind freiwillige Helfer gefragt, die mal eben spülen, wenn das Geschirr knapp wird, Getränke kühlen, nachschenken, Teller abräumen, das Büfett auffüllen und darauf achten, dass es immer appetitlich aussieht.

Katharina und Peter haben ihre Hochzeit auf Umzugskisten gefeiert. *Katharina ist Sängerin, Peter Kirchenmusiker. Katharina bekam ihr erstes festes Engagement in Halberstadt, Peter zog mit und war bereit, ein Babyjahr einzuschalten und den sechs Monate alten Cornelis zu betreuen.*

Nach dem Umzug Anfang Januar – die Kisten stapelten sich noch, und erst ein Zimmer war eingerichtet – wollten die beiden jetzt und hier und sofort standesamtlich heiraten. Einmal, weil sie es schön fanden, ihr Leben im neuen Wohnort mit diesem Festakt einzuleiten, zum anderen, wie Katharina sagt, weil „wir dooferweise dachten, nur so könnten wir für dieses Jahr die steuerlichen Vorteile in Anspruch nehmen, die wir natürlich auch rückwirkend bekommen hätten".

Wie meist um diese Jahreszeit war auf dem Standesamt nicht viel los und auch kurzfristig ein Termin zu bekommen. Beide Elternpaare und die Geschwister reisten am Vortag an. Die Väter stellten Regale auf, die Mütter und Geschwister packten Geschirr aus. Alle zusammen kauften noch ein, kochten im Team eine Hochzeitssuppe mit Hühnchen und vielerlei Gemüse und deckten den Tisch.

Am nächsten Mittag wanderte eine zehnköpfige Hochzeitsgesellschaft durch die schöne Altstadt zum Standesamt. Auf dem Hinweg holte die Braut ihren Strauß ab, auf dem Rückweg wurde die Hochzeitstorte eingepackt. Suppe und Torte wurden in entspannter Runde verzehrt – kein Stress, keine Hektik. Heiraten kann so gemütlich sein! Ein großes Gartenfest für alle Freunde soll allerdings demnächst noch nachgeholt werden.

Feiern außer Haus

Ein Fest im Restaurant schont die Nerven, und es muss gar nicht das renommierteste Haus am Platz sein. Vor allem verwöhnte Gäste finden ein uriges Dorfgasthaus mit Garten womöglich viel spannender. Gut, wenn das Unternehmen auf Hochzeiten unterschiedlicher Größe und Preisklassen eingerichtet ist, also Profis am Werk sind. Dann muss man sich „nur" darum kümmern, was es zu essen gibt, wer wo und neben wem sitzen soll („als wenn das nicht das Schwierigste wäre", meint ein Hochzeiter) und – eventuell – ob es eine spezielle Dekoration sein soll.

Ungewöhnliche, aber durchaus hochzeitstaugliche Herbergen sind **Schullandheime** oder ähnliche günstige **Gruppenquartiere.** Diese Häuser sind selten überwältigend prachtvoll, dafür sehr praktisch. Sie liegen meist landschaftlich schön und weit genug von lärmempfindlichen Nachbarn entfernt. Ein Fest kann sich also zu voller Lautstärke entfalten, und mitgebrachte Kinder können draußen spielen. Der Hauptvorteil: Alle Gäste dürfen auch bei Wein und Bier zugreifen, weil sie ihr Bett im Haus haben und sich nicht mehr ans Steuer setzen müssen.

Anke und Christian sind ein Sandkastenpaar, sie sind zusammen in die Schule gegangen und haben gemeinsam im Kirchenchor gesungen. *„Aus dieser Zeit kannten wir ein ehemaliges Bauernhaus, einen Kotten, wie man hier in Westfalen sagt", erklärt Anke. „Es war eine Art Landschulheim der Kirche, wo wir als Chorkinder oft zum Üben waren oder Ferien gemacht haben. Das Haus konnten wir billig mieten, und damit hatten alle von auswärts angereisten Freunde ein Nachtlager im Haus.*
Wir sind beide katholisch. Ich finde, nichts ist so ergreifend, wie in einem Dom zu heiraten, und das haben wir getan. Nach der Kirche sind wir mit allen Gästen in einem Mietbus aufs Land gefahren und haben bis zum Morgengrauen gefeiert. In der alten bäuerlichen Diele war zuerst das Büfett aufgebaut; dafür hatten wir mit Eltern und Geschwistern eine Menge selbst gekocht. Später wurde auf der Diele getanzt."

TIPP **Adressen von Schullandheimen nennt die örtliche Schulbehörde. Info im Internet unter www.Schullandheim.de.**

Ein Fest vor romantischer Kulisse

Außergewöhnliche Umstände erfordern außergewöhnliche Maßnahmen, finden viele Hochzeiter. „Ihr" Tag soll mehr sein, sich abheben von beliebigen Partys. Kein Wunder, dass Schlosshotels, bewirtschaftete alte Burgen und Herrenhäuser zu den beliebtesten Locations gehören.

Nina und Stefan haben ihr Traumschloss zum Heiraten gefunden. *Nina ist ein sehr romantischer Mensch. Solange sie denken kann, hat sie Pfennige für die Brautschuhe gesammelt, und es war klar, dass sie als zauberhafte weiße Braut heiraten würde – ganz wie im Märchen. Stefan, an sich trockener, ließ sich von seiner Liebsten anstecken.*

Nach längerer Suche fanden die beiden den richtigen Ort für die geradezu bühnenreife Inszenierung, die sie sich ausgedacht hatten: ein Schlosshotel in Brandenburg in einem Park. Mitten drin ein kleiner See und eine anmutig verfallene Kapelle am Ufer gegenüber. Eine Freundin der beiden, noch heute schwer beeindruckt, erinnert sich: „Vor der Kirche stand Nina, in Unmengen weißen Tülls gehüllt, und wartete auf ihren Prinzen. Der nahte im Ruderboot, und es hätte niemand verwundert, wenn er eine Arie gesungen hätte. Mehr als hundert Gäste säumten das Ufer und folgten dem Paar in die kleine Kirche, die nicht alle fassen konnte.

Nach der Trauung gaben Freunde ein Kammerkonzert im Park. Überall standen Liegestühle zum Ausruhen. Die Gäste setzten sich zusammen oder wanderten unter Bäumen, tranken Sekt und lauschten der Musik. Die Kinder spielten auf einer Wiese. Eine Freundin der Braut hatte eine Schnitzeljagd und andere Spiele für die größeren Kinder vorbereitet.

Eine Gruppe junger Schauspieler, Freunde des Paares, führten draußen ein Stück auf, das davon handelte, wie sich die beiden kennen gelernt hatten. Es gab einen Jongleur, einen Feuerschlucker und eine Handleserin. Weiße Luftballons mit guten Wünschen wurden in den Himmel geschickt. Nach etwa zwei Stunden, einer Zeit, in der sich die Gäste kennen lernen konnten, wurden sie dann zum Mahl in den Saal des Schlosses gebeten.

Es war schon dunkel, als die Gesellschaft vom Tisch aufstand und zu einem Fackelzug aufbrach (die Kinder trugen weiße Lampions). Währenddessen wurde drinnen der Saal als Tanzfläche hergerichtet.

Die letzten Gäste gingen in der Morgendämmerung."

Was dem Publikum als romantische Bilder im Gedächtnis haftet, bleibt bei Nina und Stefan auch als ein Stück harter Arbeit und als ziemliche Portion Stress in Erinnerung.

Beide hatten das Fest bis ins Detail durchgeplant. Allerdings: Bei der Realisation trifft man unter Umständen auf Leute von eher praktischer Denkart, für die eine Hochzeit kein einzigartiger Höhepunkt ist, sondern eine von vielen Hochzeiten, die möglichst komplikationslos in einer bestimmten Zeit abgewickelt werden soll.

So hatte Nina nicht mit der Sturheit der Hotelmanagerin gerechnet, die das Frühstück partout nicht auf dem Rasen servieren wollte („Das hatten wir hier noch nie") und zunächst auch nicht erlaubte, dass nach Mitternacht noch Musik gemacht wurde; nicht mit dem Pastor, der sich lange weigerte, in die kleine alte Kirche zu kommen; nicht mit den Tücken des Wetters: Am Tag vor der Hochzeit goss es in Strömen; das brachte Verwirrung.

Kurz und gut: Das Traumprogramm musste hie und da dem wirklichen Leben angepasst werden, aber das Fest wurde trotzdem einmalig schön.

Hochzeit als Happening?

Hochzeit feiern kann man in den verrücktesten Lokalen und Vehikeln. Alte Kirchen, die außer Dienst sind, ein Schiff auf Elbe oder Rhein, ein Boot auf der Spree, ein Hochzeitsbus in Berlin oder leere Bauernscheunen – all das ist im Angebot. Man kann auch einen Eisenbahnwagon, einen Raum im Museum mieten bzw. das Museums-Café, eine Kunstgalerie, ein Burggemäuer oder die Eckkneipe. Oder die Hochzeiter reservieren einen kleineren Kinoraum und bestellen einen ganz bestimmten Film. Danach gehen alle in gehobener Stimmung in ein nahe gelegenes Restaurant.

TIPP **Was ausgefallene Locations angeht, ist das Internet eine wahre Fundgrube** **(s. Seite 86).**

Als Hochzeitsparadies im Meer soll **Pellworm** bekannt werden. Die kleine ostfriesische Insel (ca. 1.200 Bewohner) südlich von Amrum bietet 13 Möglichkeiten zu heiraten an. Zum Beispiel auf dem Leuchtturm, in einer Mühle, auf einem Kutter oder Segelschiff, im Sommer nachts auf einer einsamen Warft, im Schein von Fackeln und Kerzen, im Winter am Kamin des Friesenhofs – sogar vor den Sandbänken mit Seehunden als Zeugen können Paare sich das Jawort geben. Oder man verbindet das Heiraten mit einer anderthalbstündigen Wattwanderung und lässt sich auf einer Hallig trauen. Dieter Clausen, der Standesbeamte von Pellworm, ist sehr flexibel, aber: „Es gibt Tage, da können wir gar keine Trauung machen. Ich muss immer erst sehen, ob mit Ebbe und Flut alles passt."

Wer sich bei Herrn Clausen (Tel. 04844/189-17) oder bei der Kurverwaltung Pellworm (Tel. 04844/726) anmeldet, bekommt einen Hochzeitsprospekt mit einer Liste von Unterkünften zugeschickt. Info im Internet: www.pellworm.de.

Felix und Elisabeth mussten sich von ihrer Schlossruine verabschieden und neu überlegen. Sie haben sich bei Freunden mit Hochzeitserfahrung umgehört. *So wurden sie auf eine alte Villa aufmerksam, die isoliert im Hamburger Petroleumhafen liegt und keine unmittelbaren Nachbarn hat, die sich gestört fühlen können. Das Haus, das früher einen Yachtclub beherbergte, wird heute als Fotoatelier genutzt. Die Räume sind unterschiedlich groß und hell. Schöne alte Fenster schauen ringsum aufs Wasser oder ins Grüne. Es gibt mehrere Toiletten, eine Garderobe, einen Raum, wo Kinder schlafen können, eine Küche, einen Schminkraum, Lindenbäume vor der Tür und einen weiten Blick über die Elbe. Manchmal weht Petroleumduft aus dem Hafen in die Nase und macht den Besuchern klar, wo sie sich hier befinden. Im Vergleich zu stadtnahen Mietsälen ist dieses Haus mit einer Miete ab ca. 1.000 Euro (für 200 oder 300 Quadratmeter) nicht billig, aber sein Geld wert. Im Moment ist noch unklar: Sollen die beiden den kleinen oder den großen Saal nehmen? Der eine ist zwei Nummern zu klein, der andere drei Nummern zu groß. Solange nicht alle Gäste zu- oder abgesagt haben, ist die Entscheidung schwierig. Das lehrt, dass man die Frist für die Antwort auf die Einladung nicht zu großzügig bemessen sollte.*

Das Fest organisieren

Catering und Partyservice

Ein paar schöne Räume mieten und alles andere selbst bestimmen, das klingt erst einmal reizvoll, und man kann auf diese Art womöglich auch noch Geld sparen. Aber Vorsicht: Unbewirtschaftete Locations können noch so verlockend sein, wenn sie weitab liegen, keine ausreichenden Toiletten und keinen Stromanschluss haben, verzichten Sie lieber, es sei denn, Sie planen eine Abenteuer-Hochzeit. Aber auch, wenn der nötige Komfort vorhanden ist, muss man nicht bewirtete Räume erst ausstatten bzw. möblieren lassen: mit schmalen Biergarten- oder breiteren Bankett-Tischen, Stühlen oder Bänken, Tischwäsche, Besteck und Geschirr, Dekoration und Beleuchtung.

Außerdem braucht man einen guten **Caterer.** Caterer sind Firmen, die eine Veranstaltung mit Essen und Trinken samt nötigem Zubehör versorgen.

Viele solcher Lieferanten führen Listen mit geeigneten Locations, in denen sie schon Feiern ausgestattet haben. Und gute Catering-Firmen haben erfahrene Fachleute, die jede Menge Vorschläge mitbringen, aber auch bereit sind, auf einen begrenzten Etat einzugehen, und verstehen, aus dem vorhandenen Geld das Beste zu machen. Eine Suppe oder ein Eintopf, danach ein Dessert – auch so ein preiswertes Menü kann köstlich schmecken! Meist liefern Caterer Tischwäsche, Besteck, Geschirr und Gläser gegen Leihgebühr mit und übernehmen auch die Bedienung – ob bei Tisch, am Büfett oder bei einem Stehempfang.

Was das Inventar angeht, arbeitet der Caterer meist mit einer anderen Firma zusammen, in der Regel mit einem Partyservice. Einige Catering-Unternehmen kümmern sich auch, wenn gewünscht, um Tische und Stühle, die Beleuchtung sowie um Raum- und Tischdekoration. Es hat Vorzüge, wenn die ganze Logistik in einer Hand ist. Es könnte aber sein, dass das teurer wird, als wenn Sie sich direkt an einen Service für Partyzubehör wenden oder die Dekoration selber übernehmen. Es lohnt sich in jedem Fall, mehrere Angebote einzuholen. Billiger kann es werden, wenn Sie die Getränke selber besorgen, allerdings sind mit dieser Einschränkung nicht alle Caterer einverstanden.

TIPP **Adressen von Caterern stehen im Branchenbuch unter Partyservice, Catering, Fernverpflegung. Die meisten Catering-Unternehmen haben außerdem Internetseiten. Viele präsentieren dort konkrete Menü- oder Büfettvorschläge (mit Preisen pro Person, und das in unterschiedlichen Preislagen).**

Wo die guten Profis zu finden sind, erfährt man durch Mundpropaganda. Erinnern Sie sich: Bei der Vernissage oder bei dem Empfang neulich gab es doch so köstliche Häppchen ... Erkundigen Sie sich nach dem Lieferanten! Manche Caterer bieten ein Probeessen an, alle machen einen Kostenvoranschlag.

Ob Finger-Food-Büfett (sehr im Trend), amerikanisches, schwedisches, bayerisches oder karibisches Büfett oder mediterranes Menü – Caterer haben so gut wie alles im Angebot. Einige bieten auch Spezialitäten wie einen Barbecue-Abend im Freien, einen Showkoch am Büfett oder Geishas für den Empfang.

Wenn Sie keine Bedienung brauchen, prüfen Sie, was Ihr Schlachter, der Falafel-Imbiss in der Nachbarschaft sowie die örtlichen Feinkostgeschäfte, Restaurants oder Kaufhäuser anzubieten haben.

Wie viel Platz braucht ein Gast?

Elisabeth und Felix haben bei ihrer Suche nach dem geeigneten Caterer unterschiedliche Erfahrungen gemacht. *Der erste erschien sehr professionell, verstand ihre Stilwünsche und bemühte sich, das Preislimit einzuhalten. Er wollte gleich nächste Woche einen Kostenvoranschlag schicken. Der kam aber nie – die Firma war bankrott. (Die beiden konnten von Glück sagen, dass bis zum Fest noch Zeit war. Ein befreundetes Paar musste bei seiner Hochzeit im letzten Moment durch die Stadt rasen und Torten für den Hochzeitskaffee einsammeln, weil der Caterer Pleite gegangen war.)*
Der nächste Gesprächspartner hatte solide Angebote und Preise, erschien Elisabeth und Felix aber zu konventionell. Der dritte war viel zu teuer. Der vierte war dafür mit den neuesten Trends vertraut und verstand gleich, dass das Hochzeitspaar keinerlei „Sauerampfersüppchen mit Klößchen vom Schwarzfederhühnchen" wollte, sondern das, was die Engländer „straight-forward-kitchen" nennen, schlichte, leckere Hausmannskost. Jedes Gespräch mit Caterern machte Elisabeth und Felix klarer, was sie alles nicht wollten. Schon gar keine mehrstöckige, zuckersüße Hochzeitstorte.

Partyservice-Fachleute gehen nach der grob überschlägigen Formel: Beim Partyzelt muss man für ein bis zwei Leute einen Quadratmeter rechnen. Das kann man auch bei der Auswahl eines Raumes als Maßstab nehmen. Ein Raum von 50 Quadratmetern fasst also bei Tisch um die 50 Leute, wobei fest-erfahrene Menschen immer wieder betonen: Es macht nichts, wenn es mehr werden! Beim Feiern muss es eng zugehen, dann erst kommt Stimmung auf; sonst bleibt das Miteinander distanziert.
Das gilt fürs Festessen wie fürs Tanzen. Und das gilt vor allem für unkonventionelle Feste mit vielen jungen Leuten. Die Profi-Gastronomen freilich, die ihr Süppchen heil zu den Gästen bringen sollen, protestieren bei solch einer Planung, weil sie sich mit dem Tablett nicht durch ein Gedränge quetschen wollen wie beim Münchner Oktoberfest.

Die Zeit gut einteilen

Der Chef eines Partyservices rechnet vor: Eine Hochzeitsfeier hat drei Teile, und das sind

1. der Empfang (eine bis höchstens zwei Stunden),
2. das Mahl (mit Tischreden etwa drei Stunden),
3. der unterhaltende Teil mit Tanz sowie Einlagen wie Sketche, Videofilme, Dias, Spielen (vier Stunden und mehr).

Viele Gastgeber konzentrieren sich zu sehr aufs Essen. Früher mag das unbestritten der Schwerpunkt eines Festes gewesen sein. Inzwischen haben sich die Zeiten und die Gewohnheiten geändert. Das Vergnügen, sich ungebremst in Schweinebraten und Kartoffelknödel zu vertiefen, weitere Gänge schon im Blick, bis der Hosen- oder Rockbund eng wird, ist heute nicht mehr sehr verbreitet. „Light" ist die Devise und das gilt auch bei einem großen Festmahl.

Wer dem Essen zu viel Platz, Zeit und Andacht widmet, verbaut sich die Chancen für andere unterhaltende Programme, weiß der Fachmann. Er will damit ganz sicher nicht sagen, dass man seine Gäste mit einer Currywurst an Stehtischen abspeisen sollte. Aber mehrere Gänge über Stunden mit anschließender Tortenschlacht – das stehen nur Schwerarbeiter unbeschadet durch.

TIPP **Achten Sie darauf, dass das Essen nicht von zu vielen Reden unterbrochen wird und allerspätestens um Mitternacht beendet ist. Sonst werden die Gäste träge und suchen nach der nächsten Gelegenheit, sich zu verabschieden. Ein Fest muss immer gegen die Bettschwere anarbeiten und gegen die Babysitter, die den Satz „Wir bleiben auch nicht so lange" noch allzu gut im Ohr haben.**

Büfett oder Menü?

Beides hat seine Vorzüge. Beim Büfett kann sich jeder selbst bedienen, die Menge selbst bestimmen. Vegetarier kommen auf ihre Kosten wie auch alle, die auf Diät sind oder keinen Käse mögen. Hinzu kommt: Ein Büfett braucht weniger Service als ein Menü und ist daher auch billiger – jedenfalls, wenn es nicht ausschließlich mit Delikatessen bestückt wird. Ein weiterer Pluspunkt: Das Fest wird zwangloser. Es kommt Bewegung in die sesshafte Hochzeits-Gesellschaft.

Genau dies kann aber auch in ein ständiges Hin und Her ausarten, eine Unruhe verursachen, die der Stimmung schlecht bekommt. Wer jetzt eine Rede anbringen möchte, muss sie mit Posaunen ankündigen, um auf sich aufmerksam zu machen. Ein Essen vom Büfett dauert länger, als wenn alle am Tisch bedient werden und die Menüfolge den Zeitrahmen festlegt.

Beim so genannten „gesetzten" Essen, wie das in der Sprache der Gastronomie heißt, bleibt man lange eingekeilt, und das kann mühsam werden, wenn mit den Tischnachbarn nur ein zähes Gespräch zu Stande kommt. Dennoch ist das Menü wieder im Trend. Übrigens, am wenigsten zieht sich folgende Kombination in die Länge: Serviert wird Suppe oder Vorspeise am Tisch. Den Hauptgang stellt sich jeder nach Appetit an einem warmen Büfett zusammen. Und danach gibt es ein Dessert-Büfett, das – so behaupten die Lieferanten – immer am schnellsten leergegessen ist.

Schon wieder eine Entscheidung: Möchten Sie deutschen, französischen oder englischen Tischservice?

Die deutsche Art ist so wie bei jedem Familienessen: Die Speisen kommen in Schüsseln und Platten auf den Tisch und werden von Hand zu Hand weitergereicht. Die französische Variante wird von Köchen geschätzt, die ihre Kreativität zur Schau stellen möchten: Die Zutaten werden schon in der Küche feinsinnig auf Tellern angeordnet und dekoriert, der Koch kann zum Schluss noch eine Blüte an den Braten legen. Dann kommt das Essen als Tellergericht auf den Tisch. Als feinste Methode gilt der englische Service: Der Ober legt vor, und das erlaubt jedem Gast – anders als beim Tellergericht –, sich mehr oder weniger Kroketten und Butterböhnchen an die Lammkeule legen zu lassen.

Getränke: Richtig kalkulieren

Wer auf Qualität Wert legt, kümmert sich um die Getränke lieber selbst, macht vorher eine Weinprobe oder mehrere und holt den Wein beim Händler seines Vertrauens.

Pro Gast (und zwar für alle Gäste, Kinder und Alkohol-Abstinente mitgezählt) rechnet man mit einer Flasche Wein, wobei die „Am-liebsten-Rotwein-Trinker" leicht in der Überzahl sind. Sorgen sollte man für Weiß- und Rotwein. Und gerne kann man natürlich mit einem neuen Gang zu einem noch besseren Wein übergehen. Doch für viele ist inzwischen Bier das einzig mögliche Getränk. Da man die Anzahl dieser „Fundamentalisten" vorher nicht kennt, kalkuliert man je 1/2 Liter oder zwei Flaschen Bier pro Gast (wieder auf alle Anwesenden gerechnet). Allerdings kann Fassbier nirgends so gut schmecken wie in einer Stammkneipe, wo es ständig fließt und kühl lagert – passionierte Biertrinker müssen also ihre Ansprüche zurückschrauben.

Die Wassertrinker – auch eine größere Fraktion – brauchen im Schnitt mindestens eine Literflasche pro Kopf. (Für 100 Gäste also hundert Flaschen Wasser.) Tanzen macht durstig, und da im Notfall nicht mit einer wunderbaren Wasser- und Weinvermehrung zu rechnen ist, ordern Sie vorsichtshalber mehr. Und vereinbaren Sie mit dem Getränkelieferanten, dass er zurücknimmt, was nicht getrunken wurde.

Von Hochprozentigem raten Veranstalter verständlicherweise ab – ausgenommen einen Cocktail als Aperitif zur Begrüßung und einen Grappa (oder Ähnliches) als Digestif, also zum Abschluss des Mahls.

Wer sitzt neben wem?

Oft stoßen bei einer Hochzeit zwei Familienclans aufeinander, die einander gar nicht oder kaum kennen. Sie neigen dann leicht dazu, familienweise zusammenzuglucken und die jeweils andere Familie zu mustern und zu kommentieren. Das tut man nicht – aber man tut es eben doch. Eigentlich ist ja auch spannend, sollte aber verhindert werden. Deshalb ist in solchen Fällen eine **Sitzordnung** zwingend. Darin liegt die beste Chance, dass sich nicht nur seine und ihre Familie, sondern auch zwei Freundeskreise näher kommen.

Bei einem Büfett gibt es in der Regel keine feste Sitzordnung. Jeder setzt sich hin, wo es ihm gefällt. Erhöhte Gefahr der Separation! Aber man kann von den Gästen erwarten, dass sie sich immer mal wieder neue Nachbarn, einen anderen Tisch suchen und nicht ständig mit vertrauten Leuten zusammenhocken. Das Brautpaar und alle Gastgeber setzen sich mal an diesen, mal an jenen Tisch, machen Leute miteinander bekannt und achten darauf, dass es keine Mauerblumen gibt, mit denen sich niemand unterhält.

TIPP **Gäste finden dann ein Fest schön, wenn sie sich willkommen, geliebt und geachtet fühlen. Nicht nur an das eigene Glück zu denken, sondern allen das Gefühl zu geben: Wie schön, dass Ihr da seid!, das ist die spezielle Aufgabe des Brautpaars.**

Die traditionelle Sitzordnung

Wer sitzt bei Tisch neben wem? Bei diesem Puzzlespiel gilt es, eine bekömmliche Mischung von Tischnachbarn auszukungeln. Immer und immer wieder verworfen und neu arrangiert, bleibt die Sitzordnung häufig bis zum letzten Moment „work in progress". Das traditionelle Muster geht so:

Brautpaar am Kopf oder mitten an der Breitseite des Tisches, so dass beide gut zu sehen sind. Daneben die Eltern. Und zwar:
neben der Braut der Bräutigam-Vater,
neben dem Bräutigam die Braut-Mutter;
gegenüber am Tisch Bräutigam-Mutter und Braut-Vater.
Gibt es in der Elterngeneration Verzweigungen durch neue Beziehungen, sollten die leiblichen Eltern neben dem Brautpaar sitzen bzw. gegenüber am Tisch, und die neuen Lebenspartner werden irgendwo eingeplant, wo sie nicht ganz fremd sind. Es sei denn, es herrscht eitel Harmonie, und am so genannten Ehrentisch für das Brautpaar und die engsten Verwandten ist genug Platz für alle alten und neuen Kombinationen.

An den Tisch des Brautpaares gehören in jedem Fall auch die Honoratioren: Großeltern, Paten und Pastor oder Pfarrer. Wenn das nicht klappt, dann lieber auf die Konzentration von engen Verwandten verzichten und sie an verschiedene Tische in der Nähe des Brautpaares platzieren. Diese Sitzordnung ist kein ehernes Gesetz, aber sie gibt der Sache schon mal eine gewisse Grundstruktur.
Der Rest ist Kleinarbeit – dafür sollte man im Blick behalten:
Familien oder Freundesgruppen nicht eng zusammen nebeneinander setzen.
(Ehe-)Paare grundsätzlich trennen.
Mischen, mischen, mischen: Männer und Frauen, ihre Verwandten mit seinen, seine Freunde und ihre, ältere Gäste und junge. Dabei darauf achten, dass sich Nachbarn etwas zu erzählen haben oder einander wahrscheinlich attraktiv finden.
Und zum Schluss die Mischung würzen: mit Singles (je mehr, desto besser), die flirten und dabei ein bisschen Spannung in die Gesellschaft bringen, und mit den Gästen, die man als gute Unterhalter kennt. Aber Achtung:
Alleinunterhalter auf verschiedene Tische verteilen; zwei davon in nächster Nachbarschaft können für alle anderen sehr anstrengend werden.

TIPP **Jeder Gast sollte von seinem Platz aus wenigstens ein vertrautes Gesicht sehen, so dass er sich nicht „wie im falschen Film" fühlen muss. Geben Sie älteren Gästen Plätze, die nicht zu nah an der Musik sind.**

Gäste mischen: So geht's

Ein bekanntes und immer wieder bewährtes Rezept, eine Tischordnung zu Stande zu bringen: Man schneidet Kartons in Tischform und kleinere Karten für die Gäste, die man – Gästeliste in der Hand – mit allen Namen beschriftet. Wer für Herren und Damen verschiedenfarbige Kartons nimmt, behält leichter den Überblick. Nun werden die Namenskärtchen so lange um die Tische herumgeschoben, bis Ihnen das Ergebnis einigermaßen behagt. Felix weigert sich aber, bei der Tischordnung auch noch das Kriterium „Raucher oder Nichtraucher" zu berücksichtigen. Das geht zu weit, sagt er.

Einigermaßen stabil ist die Sitzordnung allenfalls eine Woche vor dem Fest.

TIPP **Alle Tische mit Sitzordnung auf ein postergroßes Papier zeichnen und diesen Plan neben den Eingang zum Festsaal pinnen. So kann jeder Gast schon vorher studieren, wo er sitzt und neben wem. Die Tischkärtchen am besten quer knicken und auf beiden Seiten beschriften, so dass auch die Tischnachbarn gegenüber den Namen lesen können. Wie man die Gäste auf unterhaltsamere Weise an ihre Plätze lotst, steht unter „Tischnachbarn verlosen" (Seite 114).**

Das Hochzeitslokal von Elisabeth und Felix bietet als festen Bestand genügend große runde Tische mit leichten Stühlen. *Es wäre natürlich angenehm, das Mobiliar zu nehmen, wie es da steht. Doch runde Tische in einem großen Raum sehen zwar hübsch aus, haben aber den Nachteil, dass so lauter in sich geschlossene Zirkel entstehen. Und am Tisch selbst kann man sich nicht gut unterhalten, weil das Gegenüber zu weit weg sitzt.*

An langen Tischen dagegen kann man mehr Gesprächspartner in Zimmerlautstärke erreichen. Deshalb haben die beiden beschlossen, lange Biergartentische oder die ebenso simplen, aber breiteren Bankett-Tische zu nehmen (die kann man besser dekorieren) und sie zu vier Endlos-Tischen aneinander zu reihen. „So kann jeder den ganzen langen Tisch überblicken, nach bekannten Gesichtern Ausschau halten und sich viel besser unterhalten", meint Elisabeth.

Für den baumbestandenen Platz vor dem Haus hat das Paar sechs Stehtische zur Verfügung und kriegt außerdem drei Holztische mit Bänken (Biergartengarnituren), damit die Gäste auch draußen sitzen und Luft schnappen können.

Partyprofis schlagen vor, die Tische in U-Form aufzustellen. Der Raum zwischen den Tischen wird später Tanzfläche. Der Vorteil: Jeder hat das Brautpaar im Blick, das an der Querreihe sitzt. Diese Anordnung macht aber nur bei einer kleineren Gesellschaft Sinn und kann zudem etwas konferenzartig wirken. Erörtert werden auch die E- und die L-Form, aber solche Formationen müssen zum Raum und zur Anzahl der Gäste passen.

Die Tische so eng wie möglich zusammenzurücken, fördert das Gemeinschaftsgefühl. Zwischen den Tischreihen müssen trotzdem mindestens ca. anderthalb Meter Abstand bleiben, sonst können die Gäste nicht ohne Mühe aufstehen und die Bedienungen nicht ungehindert durchkommen. All diese Sitzprobleme kann man an den Partyservice delegieren.

Für zusätzliche Beleuchtung bringt der Service auf Wunsch ein paar Scheinwerfer mit Farbfiltern. Damit kann man die Szene in rotes oder blaues Licht tauchen (vorher ausprobieren!).

TIPP **Lassen Sie an jeden Tisch einen zusätzlichen Stuhl stellen, damit das Brautpaar zwischen den Gängen sich mal an diesen, mal an jenen Tisch setzen kann, ohne großes Stühlerücken zu verursachen.**

Dekoration: Das macht Stimmung

Ob Sie im Sommer den Tisch mit Wiesenblumen schmücken oder im Herbst Beeren nehmen – die Dekoration sollte so viel Platz lassen, dass jeder Gast seinem Gegenüber ins Gesicht sehen kann. Wenn wenig Platz auf den Tischen ist, reicht es, nur Efeuranken aufzulegen und Kerzen oder Teelichte in Gläsern dazuzustellen.

Wird der Platz ganz für Schüsseln und Teller, Gläser und Besteck gebraucht, können Sie Sets in unterschiedlichen frischen Farben unter die Teller legen. Am besten Stoffe kaufen und die Sets selber nähen oder nähen lassen.

Als Farbtupfer und zur leichteren Orientierung („ich sitze am roten Tisch") kann man jeden Tisch in einer anderen Farbe ausstatten, also mit unterschiedlichen Tischdecken, die aus einfachen Stoffen selber gemacht werden können. Aber eigentlich geht nichts über weiß gedeckte Tische, die farbiges Dekor erst richtig leuchten lassen. Ein Farbkonzept – zum Beispiel Weiß und Grün in verschiedenen Tönen – erleichtert das Schmücken sehr. Es lohnt sich, die Wirkung einmal am häuslichen Tisch auszuprobieren.

TIPP **Wer schöne barocke Leuchter besitzt, hat gar kein Problem mit der Dekoration: Ein Leuchter mit Kerzen in vielen Farben krönt jeden Tisch und ersetzt den schönsten Blumenstrauß. Leuchter kann man, wie alles dekorative Zubehör, auch leihen.**

Wo es zwar Bäume vor dem Haus gibt, sonst aber keinen besonders schönen Ausblick, sind Lämpchen in den Bäumen Stimmungsmacher. Das können Lichterketten sein, Lampions oder vielleicht auch Teelichte in Marmeladengläsern, die mit feinem Draht umwunden und in die Zweige gehängt werden.

In der Tischmitte grüne Äpfel und dazwischen weiße Kerzen, so hat sich die Schwägerin von Felix die Tischdekoration gedacht. *Zunächst gab es am heimischen Küchentisch eine „Anprobe": Birnen oder Äpfel? Oder nur Efeu? Welche Beleuchtung? Die Dekoration sollte nicht zu viel Platz auf den Tischen einnehmen. Deshalb ersetzte die Dekorateurin vom Dienst die Kerzen durch Teelichte in windsicheren Wassergläsern (gibt´s zum Beispiel bei Ikea), die knallgrünen Äpfel bekamen Efeuranken an die Seite gelegt, und auf allen Fensterbänken reihten sich kleine Windlichter (Teelichte in Gläsern). Über jedes war eine Tüte aus Pergamentpapier gestülpt, die das Kerzenlicht weich filterte. (Den Tütenboden abschneiden, damit Luft an das Licht kommt.) Draußen in den Bäumen waren bewusst keine Lampions aufgehängt – der rötliche Abendhimmel über dem Wasser war viel zu schön, um durch Deko davon abzulenken. Es gab lediglich eine Reihe von Fackeln, die in der Dunkelheit die Außentreppe beleuchteten, und vor dem Eingang einen riesigen Lilienstrauß.*

Bei einer anderen Hochzeitsfeier, zu der Elisabeth und Felix eingeladen waren, war ein Dreiklang von Rot-Orange-Gelb angesagt. *Auf jedem Tisch in der Mitte standen drei schlanke hohe Vasen in diesen drei Farben mit zartrosa Rosen darin. Die Servietten wurden gerollt auf die Teller gestellt, so dass sie auf den ersten Blick wie weiße Kerzen aussahen. Diese Dekoration war nicht nur ein heiterer Anblick, sie hatte auch den Vorteil, dass sie weder Platz noch Sicht nahm, wie es bei großen Sträußen oder Gestecken leicht der Fall sein kann. (Die Vasen waren ausgeliehen.)*

Arbeit verteilen: Wer macht was?

Ob große Hochzeit oder kleine, zu Hause oder anderswo, delegieren ist das Gebot der Vernunft! Wenn irgend möglich, beziehen Sie bei Planung und Vorbereitung Ihre Freunde ein. Das bringt Abwechslung ins Programm, und alle fühlen sich als „Mit-Gastgeber" für das Gelingen verantwortlich.

Wenn eine Hochzeitsfeier zu organisieren ist, sind sie so wertvoll wie nie, die belastbaren, guten Freunde, finden Anke und Gerd. *Ein Paar in ihrem Freundeskreis besitzt einen großen alten Bauernhof mit denkmalgeschützter Scheune, ausgebautem Backhaus und einer großen Rasenfläche rundum – und damit hatten die beiden schon das ultimative Ensemble für ein ländliches Fest.*

Als das Brautpaar beschloss zu heiraten, lebte es in Italien, wo beide einen guten Job gefunden hatten. Aber heiraten wollten sie daheim in Norddeutschland. Freunde wurden gebeten, als Hochzeitsgeschenk bei der Organisation mitzuhelfen – ganz ohne Vorgaben. Jede(r) konnte nach eigenen Vorstellungen eine Aufgabe übernehmen.

Und davon gab es genug: Der Bauernhof liegt zwei Autostunden von Hamburg entfernt. Es galt also für ungefähr hundert kleine und große Gäste Quartiere zu besorgen; die älteren wurden im Dorfgasthof untergebracht, Kinder im Backhaus und im Bauernhof. Die jungen Erwachsenen kampierten in Zelten im weitläufigen Garten.

Ein Freund sorgte für die Lieferung eines warmen Büfetts arabischer Art (günstig und sehr lecker von einem Falafel-Imbiss – allerdings ohne Service), ein anderer hatte übernommen, eine gute Band ausfindig zu machen. Ein paar Gäste räumten die Scheune leer und stellten Biergartentische mit weißen Laken hinein. Die „Dekorateurin vom Dienst" schmückte die Tische mit Wiesenblumen. Eine Freundin war zuständig für die Festbeleuchtung (weiße Lampions in den Bäumen und Fackeln auf der Wiese, drinnen wenige Scheinwerfer und Gläser mit Teelichten auf den Tischen). Andere kümmerten sich um Einladungen und Tischkarten, Wegweiser, Rasenspiele, Mitternachtssuppe. Und fünf aus dem Freundesteam wurden gebeten, je eine Fünf-Minuten-Rede zu halten, „damit auch unsere Generation zu Wort kommt", so der Wunsch der Braut.

Nach der Trauung gab es zunächst einen Sektempfang im Hamburger Garten der Eltern. Dazu waren auch Freunde und Bekannte eingeladen, die nachher nicht mit aufs Land fuhren. Nachmittags Aperitif unter Apfelbäumen auf dem Bauernhof, abends Essen in der Scheune und eine Dia-Show von Braut und Bräutigam in verschiedenen Lebensstufen, mit Kommentaren natürlich. Dann Tanz bis zum Umfallen. Morgens um sieben, die Sonne stand schon am Himmel, krochen die letzten in ihr Zelt, und alle waren sich einig: So ein Fest kommt nie wieder …

TIPP **Wichtig beim gemeinsamen Organisieren: ein „Manager", der alles koordiniert. Fast noch wichtiger: Ein oder mehrere Helfer, die ausschließlich für die Kinder zuständig sind. Fragen Sie die Eltern unter ihren Gästen nach erfahrenen Babysittern, die bereit wären (gegen Entgelt natürlich), am Festort die Kinder zu betreuen. Und wer mit Baby kommt, sollte für die Nacht auch ein Babyfon dabei haben.**

Brautpaare haben mit Papieren, Einladungen, Kleidungsfragen und anderen Entscheidungen schon genug zu tun, findet Elisabeth. *Deshalb ist ihr ganz wichtig: „Wir brauchen dringend einen Zeremonienmeister, der uns beim Koordinieren entlastet, uns vielleicht beim Puzzle der Sitzordnung hilft, der uns beruhigt, wenn wir zwischendurch die Nerven verlieren, der einen Teil der Gäste kennt und später beim Fest die Regie übernimmt – kurz jemanden, der souverän und Fest-erfahren einen GAU zu verhindern weiß."*

Zu ihrem Glück haben Elisabeth und Felix solch einen Freund: *Carsten fühlt sich auf Festen wie ein Fisch im Wasser und kann die Rolle des Zeremonienmeisters nicht nur hervorragend spielen, sondern ist auch so nett, sie zu übernehmen (eine Qualität, die ihm natürlich immer neue Hochzeitseinladungen und damit immer neue Erfahrungen einbringt). Carsten besorgt zum Beispiel Quartiere verschiedener Preislagen, organisiert die Musik und verrät anfragenden Gästen, dass das Paar sich keinen Toaster wünscht, sondern eine Spende auf ihr „Wir-brauchen-neue-Stühle"-Konto.*
Zurzeit gehört er einem kleinen geheimen „Elisabeth-und-Felix-Fest-Komitee" an, in dem Beiträge der Geschwister und Freunde wie Hochzeitszeitung, Videofilm und Sketche besprochen werden. Wer immer bei der Hochzeit Fragen oder Probleme hat, kann sich an ihn wenden.

Jeder von uns kennt so einen „Carsten" oder sein weibliches Pendant. Solche Menschen fallen im Alltag kaum auf, aber wenn es etwas zu organisieren gibt, erkennt man schnell ihre Qualitäten. Bei einem großen Fest braucht es einfach jemanden, der die Fäden zusammenhält. In Bayern ist das traditionell der „Hochzeitslader", der heute natürlich auch eine Frau sein kann.
Wer es sich leisten kann, engagiert (und honoriert) vielleicht auch einen „Event-Manager". Aber der stellt möglicherweise ein allzu routiniertes Fest auf die Beine.

Elisabeth und Felix wollen keinen Event, sondern ein selbst gemachtes, persönliches Hochzeitsfest. *Sie haben einen Grafiker zum Freund, der bereit ist, für die Einladungen zu sorgen. Eine Babysitterin wird sich auf dem Fest um die Kinder kümmern. Zwei Freundinnen der Familie werden das Hochzeitslokal drinnen und draußen dekorieren (mit den dazugehörigen Besorgungen ein zeitraubender Beitrag). Ein Bruder und mehrere Freunde werden sich als DJs abwechseln. Ganz zu schweigen von den Eltern, die Übernachtungen und Frühstück übernehmen, bei der Suche nach dem Hochzeitskleid helfen, als Blitzableiter dienen, wenn wieder mal was nicht klappt, und die versprochen haben, einen Videofilm aufzunehmen.*

Hauptsache, es wird getanzt ...

Um eine Binsenweisheit anzubringen: Nichts ist so wichtig für die Stimmung wie die Musik. Und wenn es darum geht, eine nach dem Essen schon etwas erschlaffte Gesellschaft auf die Beine zu treiben, dann ist eine gute Band durch nichts zu übertreffen.

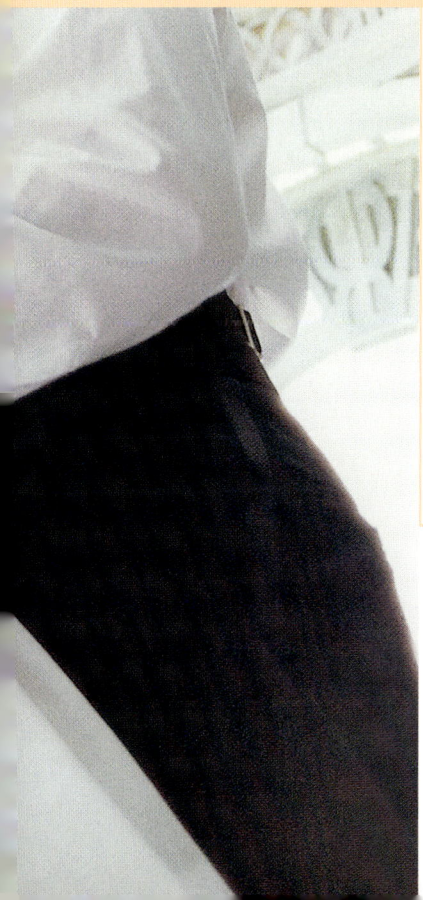

TIPP **Wenn Ihre Freunde noch nicht selbst mit dem Vorschlag gekommen sind, fragen Sie einfach, wer Lust hätte, das Fest mitzugestalten. Früher oder später wird im Freundeskreis das nächste große Fest anstehen – und dann können Sie sich revanchieren!**

Auch Felix hätte gern Live-Musik auf seiner Hochzeit. *Sein Problem: „Eine gute Band kostet leicht ab 1.000 Euro. So viel haben wir nicht mehr übrig."*

Wie kommt dieser Preis zu Stande? Musikagenturen (im Branchenbuch unter „Musikkapellen" oder ähnlichen Stichworten) stellen Bands zusammen vom Duo bis zum Sextett. So ein Unternehmen würde die Hochzeit von Elisabeth und Felix mit vier bis fünf Musikern aufmischen, die von Jazz und Soul über alte Schlager und Popmusik bis Musical alles draufhaben. Wenn keine Extras dazukommen, kostet das pro Kopf und Stunde 55 Euro im Schnitt.

Im Hamburger Branchenbuch zum Beispiel können Sie alle Musikrichtungen entdecken: Jazz-Bands, Alleinunterhalter mit Akkordeon und Gesang, Brass-Bands, Swinging New Orleans Music, eine bayrische Blaskapelle oder die „Pankoken-Kapelle" (eine norddeutsche Spezialität). Zu haben sind außerdem Bands wie „The Beatles 2000", die „Oldtime Jazz Happy Feet" oder die „Schillerlocken".

Auf der Suche nach Live-Musik können Sie nachfragen

- bei allen Freunden natürlich, die Ihren Geschmack teilen oder zumindest kennen,
- beim Partyservice oder auch bei Restaurants, die viele Hochzeiten ausrichten,
- nicht zu vergessen: Musikhochschulen und Konservatorien. Studenten verdienen sich gern das Geld. So entdeckt man mit Glück Nachwuchsmusiker von Qualität und mit noch günstigen Honorarvorstellungen.
- Suchen Sie auch auf der Straße! Dort spielen oft begeisterte Musiker, die für ein Hochzeitsfest genau die Richtigen sind. Von ihrer Qualität können Sie sich gleich vor Ort überzeugen – und preiswert sind sie oft auch noch.

Valentin und Lea hatten sich sehr kurzfristig entschlossen zu heiraten, ehe er für ein halbes Jahr ins Ausland ging. *Sie wollten mit Familienangehörigen und wenigen Freunden zu Hause feiern und machten sich Gedanken darüber, wie man das Fest in Schwung bringen könnte. An sich hatten sie vor, sich CDs bei Freunden auszuleihen. Bis Valentin zufällig auf der Straße einer kleinen Band begegnete – Saxofon, Kontrabass und Schlagzeug –, die erstaunlich gute Musik machte. Die blieb ihm im Kopf. Am nächsten Tag ging er noch einmal hin, hörte eine Weile zu und fragte dann: „Hört mal, würdet ihr bei unserer Hochzeit spielen?" Die drei, es waren Musikstudenten, machten das dann so gut, dass sie anschließend für diverse weitere Hochzeiten in Serie engagiert wurden.*

TIPP **In jedem Fall sollten Sie sich Zeit nehmen, eine Live-Band vorher anzuhören. (Das kann unter Umständen sogar ein Freund für Sie übernehmen.) Vielleicht hat die Band auch eine CD aufgenommen, die Sie ausleihen oder auch kaufen können.**

Felix und Elisabeth haben sich aber nicht nur aus Kostengründen gegen eine Band entschieden. *Sie wissen aus Erfahrung, wie es sein kann: „Wenn Live-Musik anfängt, hören die Leute erst mal eine Weile zu und tanzen nicht. Live-Musik = Konzert, denken viele. Sie warten also, bis wieder Musik vom Plattenteller kommt und gehen dann erst auf die Tanzfläche. Das verzögert die Party nur unnötig. Und die Ersten gehen schon wieder nach Hause, bevor es richtig losgegangen ist", sagt Felix.*

Welche Musik passt zum Fest?

Etwa 90 Prozent aller Hochzeitsfeste werden von einem gemieteten Discjockey beschallt. Die meisten Verleihfirmen bieten einen Pauschalpreis, in dem Anfahrt, Anlage, Musik und die Leistung des Discjockeys von beispielsweise 18 bis 1 Uhr enthalten sind. Die Preise variieren von 500 bis 1.000 Euro. Jede weitere Stunde kostet extra. Es ist sehr zu empfehlen, sich vorher mit dem DJ zu treffen, sich seinen Vorrat an CDs und Platten anzusehen und ihm eine Liste der Stücke zu geben, die man gerne auf der Hochzeit hören möchte. Oder man stellt ihm gleich eigene CDs und Platten zur Verfügung.

Zu bedenken ist natürlich, dass man sich nicht nur auf den eigenen Musikgeschmack beschränken darf. Gerade Musikliebhaber einer speziellen Richtung – sei es Techno, Deep-House oder Soul – sind da leicht rigoros. Sie sollten deshalb darauf achten, dass auch solche Musik gespielt wird, die sie selbst vielleicht für überflüssig halten. Nicht alle Gäste teilen die Vorlieben des Brautpaares; am besten berät man sich vorher mit Freunden.

Auf jeder Party braucht es ein paar Mainstream-Hits, die viele auf die Tanzfläche treiben. Ganz wichtig: Nicht alle Gäste sind jung. Vielleicht freuen sich einige der älteren schon seit Wochen, endlich mal wieder Walzer, Foxtrott oder Cha-Cha-Cha (diese Standardtänze sind übrigens auch bei Jüngeren zunehmend beliebt) zu tanzen – wo hat man sonst schon mal die Gelegenheit?

Dazu passt die Tradition des Hochzeitswalzers: Das Tanzen auf einem Hochzeitsfest wird üblicherweise mit einem Walzer eröffnet, sei er von Johann Strauß oder von Hildegard Knef („Für mich soll's rote Rosen regnen"), den das Hochzeitspaar zuerst alleine tanzt. Nach und nach kommen andere Paare dazu, oder das Brautpaar trennt sich und fordert neue Tanzpartner auf. (Wenn noch größere Kinder auf den Beinen sind, müssen die natürlich mittanzen.) Meist werden nach dem ersten Walzer noch ein paar Standardtänze gespielt und Eltern und Schwiegereltern aufgefordert, so dass möglichst jeder in Bewegung kommt. Auf diese Art und Weise findet man einen Übergang vom Essen zum Tanzen, und die Tanzfläche bleibt nicht lange leer, weil keiner sich traut.

Elisabeth und Felix wollen eine Anlage mieten und selbst Musik auflegen, statt einen Discjockey zu engagieren. *Das heißt, der Bruder von Felix, Felix selber und Freunde werden sich abwechseln. „Das Problem bei vielen DJs ist, dass sie routiniert eine ganz bestimmte Kollektion von Stücken spielen und dabei gar nicht mehr auf die Stimmung auf der Tanzfläche achten", weiß Felix. „Sie haben ein festes Repertoire, das sie bei Betriebsfeiern, Restaurant-Eröffnungen und Hochzeiten abspulen. Wir waren jedenfalls schon oft auf Hochzeitsfesten, wo die Musik überhaupt nicht zu den Leuten und zur Stimmung gepasst hat. Und das war wirklich fatal."*

Wer seine Freunde bitten kann, Musik aufzulegen, muss das gut planen und zumindest ungefähr eingrenzen, welche Stücke man spielen und wie viel Zeit man damit füllen will. Die Miete für eine Anlage, bestehend aus zwei CD- und zwei Plattenspielern, zwei Lautsprechern, einem Basslautsprecher, einem Mischpult und einem Verstärker, kostet für 24 Stunden um die 180 Euro plus 200 Euro Kaution, wenn man sie selbst abholt und aufbaut.

Egal wer für die Musik sorgt, Sie müssen sich auch über die Tanzfläche, über die Lautstärke und die Beleuchtung Gedanken machen. Für die Beleuchtung beim Tanzen gibt es die Faustregel: Je schummriger, umso mehr Gäste tanzen. Ein paar Nichttänzer werden sich aber in relativer Ruhe und bei gutem Licht miteinander unterhalten wollen. Wo ist eine einigermaßen ruhige Ecke? Idealerweise wird in einem Nebenraum getanzt oder ganz am Ende des Saales.

Und damit die Party nicht um Mitternacht abrupt zu Ende ist, sollten Sie vorher mit dem Vermieter/Betreiber des Hauses besprechen, wie laut und wie lange Musik gespielt werden darf. Machen Sie ruhig die Auswahl der Location davon abhängig, dass nicht rundum Leute wohnen, die ihren Schlaf brauchen. Nichts ist enttäuschender, als wenn das Fest auf Hochtouren läuft und man dann Punkt ein Uhr die Musik leise stellen und das Licht dimmen muss – Nachtruhe!

Nichts vergessen?

Diese Checkliste hilft, den groben Überblick zu behalten. Versuchen Sie trotzdem nicht, alles selbst in den Griff zu bekommen, sondern verteilen Sie Aufgaben an Freunde und Verwandte.

Anreise zum Festort

- Gibt es genug Parkplätze?
  Wenn nicht: Rechtzeitig vorwarnen und eventuell eine Info über günstige Zug-/Busverbindungen mitschicken.
- Wer holt Gäste vom Bahnhof oder Flugplatz ab?
- Wer kann auswärtige Besucher unterbringen?

Zu Hause feiern

- Wer räumt zwischendurch ab und spült Geschirr?
- Wissen die Nachbarn Bescheid?
  Am besten einladen, dann beschwert sich auch keiner. Laute Musik ist in der Regel nur bis 22 Uhr erlaubt. Oder „bis sich der Erste beschwert", sagt die Polizei.
- Wo können Kinder sich hinlegen oder schlafen, wenn sie müde sind?
- Wo kann man Getränke kühlen? Passt alles in die Badewanne?

Im Garten feiern

- Gibt es draußen einen Stromanschluss?
- Stehen Heizlüfter bereit für den Fall, dass es kühl wird?

Feiern in gemieteten Räumen

- Was passiert, wenn Sie kurzfristig absagen müssen?
- Gibt es genug Tanzfläche?
- Ist eine Bühne oder ein Podest vorhanden?
- Wohin mit dem Geschenktisch, der Hochzeitstorte, dem Gästebuch?
- Gehören eine Musikanlage, Lautsprecher, Mikrofone für Redner zur Ausstattung? Wo kann man dieses Equipment sonst leihen?
- Ist die Endreinigung im Preis enthalten?

Während des Festes

- Wer filmt oder fotografiert?
- Wer sorgt für die Musik?
- Wer passt auf die Kinder auf und spielt mit ihnen?
- Wer empfängt und begrüßt Nachzügler?
- Wer kümmert sich um mitgebrachte Blumensträuße?

Auf Reisen heiraten

Gemeinsam an irgendeinen angenehmen Ort im Ausland reisen, fern von zu Hause, und dort entspannt und ganz unter sich den Bund fürs Leben schließen – diese besondere Art zu heiraten wird zunehmend beliebter. Das mag zum einen daran liegen, dass Familien heute oft weit verstreut leben, vielleicht auch nicht mehr so starken Zusammenhalt haben wie früher. Weitere Gründe könnten sein, dass in einem Drittel aller Fälle die Hochzeit nicht die erste ist und dass sich Traditionen insgesamt wandeln.

Jedenfalls ist die Heiratsreise vor allem bei solchen Paaren beliebt, bei denen mindestens ein Partner bereits eine Ehe hinter sich hat. Wer zum Heiraten ins Ausland fährt, erspart sich die Festvorbereitungen, muss dafür aber in der Regel etliche bürokratische Hürden überwinden – und dafür braucht man Zeit und Geduld.

TIPP **Falls Sie die Idee haben, eine Reise ins Ausland mit einer Trauung dort zu verbinden, sollten Sie sich auf alle Fälle zuerst einmal kundig machen, welche Formalitäten nötig sind. Vorher macht es wenig Sinn, die Reise konkret zu planen.**

Kurz und einfach: Hochzeit in Las Vegas

Bei Heinrich und Anna war die geplante Hochzeit für beide bereits die zweite. *Sie hatten vorgehabt, in einem alten Schlösschen zu heiraten, aber da hätten sie zwei Jahre warten oder zwei Jahre früher kommen müssen – so langfristig war dieses beliebte Hochzeitslokal ausgebucht. In Zweifelsfragen des Lebens surfen Heinrich und Anna im Internet. Genau dort haben sie sich auch kennen gelernt. Was lag also näher, als für ihre Hochzeit online zu recherchieren? Zunächst ging es nur um ein Ziel für die Hochzeitsreise. Doch beim Surfen kam ihnen die Idee: Warum nicht in Las Vegas heiraten und einen Urlaub in Kalifornien anhängen?*

Damit hatte sich die Suche nach einem idyllischen Hochzeitslokal erledigt, Anna und Heinrich brauchten sich nicht den Kopf zu zerbrechen, wer alles eingeladen werden sollte, und konnten mehr Geld in die Reise durch Kalifornien stecken.

In Las Vegas zu heiraten, ist ziemlich einfach und daher sehr beliebt. Die Trauung hat wenig Ähnlichkeit mit dem, was wir uns hier unter einer Hochzeit vorstellen. Zahlreiche Varianten sind möglich: Es gibt die „Drive-trough"-Hochzeit – sozusagen im Vorüberfahren; Paare, die dem Himmel näher sein möchten, mieten einen Helikopter; wer unter Wasser heiraten will, bucht einen wasserfesten Standesbeamten. Nichts Befremdliches ist unmöglich, jede Marotte wird bedient. Ganz unkompliziert wird's für Paare, die ein „Package" bestellen, also ein Pauschalpaket, in dem von Musik bis Videofilm alles enthalten ist. Anders als es heute in deutschen Standesämtern üblich ist, wird in Las Vegas allerdings ein Trauzeuge gebraucht – aber da springt schon mal die Sekretärin der „Wedding Chapel" ein.

Anna und Heinrich wollten keinen großen Event à la Hollywood, sondern genossen es, dass sie den Beginn ihrer Ehe ganz ungestört erleben konnten. *Aller Service kam sozusagen von selbst. „Das fand ich viel einprägsamer, als wenn ringsherum Gästetrubel gewesen wäre", sagt Heinrich. „In Las Vegas ist alles so schön unkompliziert, und wir brauchten uns um nichts zu kümmern. Es hat genau drei Stunden gedauert vom Abgeben unserer Papiere bis zu dem Moment, in dem wir die Urkunde in der Hand hielten, dass wir jetzt Mann und Frau sind – und davon haben wir zwei Stunden vor dem Hochzeitsamt Schlange gestanden." Heiraten in Las Vegas ist beliebt.*

Für eine Trauung in Las Vegas müssen beide Partner über 18 sein. Mitzubringen sind die Pässe (sie müssen noch mindestens sechs Monate gültig sein) sowie für den Fragebogen die wichtigsten Familiendaten beider Partner (Namen und Geburtsdaten der Eltern und Großeltern, Geburtsnamen der Mütter). Urkunden muss man nicht vorlegen. „Aber", sagt der Hamburger Standesbeamte Rolf Paschen, der selbst in Las Vegas geheiratet hat, „man sollte nachweisen können, dass man nicht verheiratet ist. Also für eine Zweitehe eine internationale Hochzeitsurkunde der vorausgegangenen Ehe mitbringen, auf der die Scheidung vermerkt ist". Internationale, das heißt mehrsprachige Urkunden gibt es für Geburt, Heirat und im Todesfall vom zuständigen Amt.

TIPP **Wenn Sie Urkunden besorgen, erbitten Sie bei der zuständigen Behörde gleich die internationale Version des Dokuments – das erspart Ihnen die Übersetzung durch einen amtlich beglaubigten Dolmetscher.**

Mit diesen Unterlagen geht das Paar ins „Office of the County Clark" im „Court House", legt die Pässe vor, füllt Fragebogen aus und bekommt kurz darauf die „Marriage Licence". Dann kommt schon die Trauung in einer der zahlreichen „Wedding Chapels" (kirchen-ähnliche Gebäude ohne Konfessionszugehörigkeit – also keine kirchliche Trauung!) oder am vorher gebuchten Heiratsort.
Die Heiratsurkunde kann man nicht sofort mitnehmen; sie muss erst international beglaubigt werden und wird einige Wochen später nachgeschickt. Wer den Namen des Partners oder einen Doppelnamen annehmen will, muss später auf das zuständige Standesamt am Wohnort. Als Heiratsdatum gilt der Tag der Eheschließung in Las Vegas.

TIPP **Man kann sich die Hochzeit in Las Vegas wie aus einem Katalog zusammenstellen und sogar das Hochzeits-Outfit am Ort leihen. Kosten mit anschließender Kurzreise (eine Woche) durch Kalifornien: rund 5.000 Euro. Info im Internet: www.las-vegas-heiraten.de**

Andere Länder, andere Vorschriften

Auch anderswo im Ausland können Paare sich trauen lassen – vorausgesetzt, sie haben die notwendigen Dokumente beisammen. Welche das sind, erfahren Interessenten bei dem in Deutschland ansässigen Konsulat bzw. der Botschaft des Ziellandes (oder bei der deutschen Botschaft im Zielland). Wichtig ist, bereits einige Monate vor dem gewünschten Hochzeitstermin mit den Recherchen anzufangen. Möglicherweise müssen Dokumente übersetzt und notariell beglaubigt werden, bevor Sie sie einreichen können – und das braucht Zeit.

Karin und Ingo hatten keine Lust auf ein Familienfest und zudem kein Geld für eine größere Hochzeit mit anschließender Reise. *So war der Entschluss schnell gefasst, im Norden Schottlands zu heiraten. Beide lieben diese herbe Landschaft: „Da gibt es nichts, was uns nervös machen könnte. Und vor allem, wir verstehen die Sprache", sagten sie sich. (Manche denken noch heute, minderjährige Paare reisten busweise zur Heirat in Schottland an. Aber diese Trauungen in Gretna Green sind längst verboten.)*

Karin und Ingo riefen also bei der Deutschen Botschaft in Edinburgh an und erkundigten sich, welche Dokumente nötig sind. Sie erfuhren, dass das in Großbritannien von Standesamt zu Standesamt etwas verschieden ist. Eine verbindliche Auskunft bekommt man also nur beim Standesamt in der Ortschaft seiner Wahl.

Mit dem Finger auf der Landkarte beschlossen die beiden, Inverness zum Hochzeitsort zu machen. Nächster Schritt war ein Anruf beim Tourist-Office in Inverness, das mit einer Liste von Unterkünften weiterhalf und die Telefonnummer des örtlichen Standesamts nannte. Dort erfuhren sie, dass die nötigen Papiere mindestens sechs Wochen vor der Trauung vorliegen müssen. Karin und Ingo mussten also erst einmal alle Urkunden, wie man sie in Deutschland für eine Hochzeit braucht, beschaffen und zum zuständigen Amt an ihrem Wohnort Berlin bringen, um eine Heiratsermächtigung zu bekommen. Was sie darüber hinaus für die schottischen Behörden brauchten, ließen die beiden gleich als internationale Urkunden ausstellen.

Nachdem das schottische Standesamt den Termin bestätigt hatte und ein Bed-and-Breakfast-Arrangement gebucht war, ging's los. Karin steckte ein knitterfreies Hochzeitskleid in den Rucksack, denn sie wollten vorher noch wandern. Die beiden waren auf eine ganz schlichte, bescheidene Feier zu zweit eingestellt. Doch sie ahnten nicht, dass ein Standesamt so ernüchternd sein kann: In Inverness muss man den Busbahnhof überqueren, um im Erdgeschoss eines angrenzenden Parkhauses die paar eher tristen Amtsräume zu finden.

Das Standesamt von Inverness konnte die Stimmung des Hochzeitspaars nicht nachhaltig drücken – die Gastfamilie machte alles wieder wett: Das schottische Ehepaar kam mit als Trauzeugen, und nach der Zeremonie gingen alle vier in ein Hotel zum Essen. Es wurde viel gelacht und schottisch geradebrecht. Am anderen Tag kochten die Trauzeugen zu Hause ein schottisches Mahl, und das Lachen ging weiter.

Karin und Ingo haben am Tag nach der Hochzeit an alle, die es anging, „Just married"-Karten geschickt, hübsch mit einem Ginsterzweig und Schottenmusterschleife geschmückt. Mit dem Ergebnis, dass es viele kleine Nachfeiern gab, als sie wieder in Deutschland waren. Mit ihren Trauzeugen sind sie in Verbindung geblieben.

Welche Papiere braucht man wo?

Wo auch immer Sie heiraten wollen, die Prozedur ist im Prinzip stets dieselbe: Der erste Weg führt zum Standesamt am Wohnort mit all den Papieren, die man hierzulande vorlegen muss (siehe Seite 40). Sind die Unterlagen geprüft, gibt das Standesamt sein Okay (sprich: die **Heiratsermächtigung**) für eine Heirat anderswo, im In- oder Ausland.

TIPP **In den Broschüren „Deutsche heiraten in ...**

- **Europa"**
- **Nordamerika"**
- **Lateinamerika"**
- **Asien"**
- **Afrika"**

sind die Voraussetzungen genannt, unter denen deutsche Paare in verschiedenen Ländern heiraten können. Sie sind bei den Beratungsstellen des Bundesverwaltungsamts erhältlich. Adressen in Ihrer Nähe bekommen Sie bei der:

Zentrale des Bundesverwaltungsamts
Barbarastraße 1
50728 Köln
Tel. 01888/358-2746
E-Mail:
bva-poststelle@bva.bund.de

Weitere Infos im Internet:
www.honeymoon-highlights.de
www.abc-der-hochzeit.de

Das Kernpaket sozusagen, das Sie frühzeitig dem ausländischen Standesamt liefern müssen, umfasst grundsätzlich

- den gültigen Personalausweis bzw. Pass,
- eine internationale Geburtsurkunde,
- eine Aufenthaltsbescheinigung, aus der Familienstand, Wohnort und Staatszugehörigkeit hervorgehen,
- das Ehefähigkeitszeugnis des heimatlichen Standesamts,
- bei einer Zweitehe die Scheidungs- oder Sterbeurkunde.

Je nach Land können weitere Dokumente hinzukommen.

Reisen, Trauung inklusive

Wer die möglicherweise umständliche Vorbereitung und Organisation seiner Heiratsreise nicht selbst auf sich nehmen möchte, kann den Urlaub inklusive „Hochzeitspaket" pauschal buchen. Die Reiseagentur übernimmt dann die Formalitäten für die Trauung und die Organisation der Feier danach – eine große Hilfe für das Paar.

Allerdings gilt auch hier, dass die gültigen Papiere schon einige Wochen vorher beisammen sein müssen, damit die Agentur sie weiterleiten kann.

Das größte deutsche Reiseunternehmen TUI hat beispielsweise Heiraten in der Dominikanischen Republik im Angebot: Die Trauung durch einen Standesbeamten in spanischer Sprache am Strand oder im Garten inklusive Blumenschmuck, Champagner, Hochzeitstorte, Galamenü, Fotos und Musik eines karibischen Trios kosten rund 500 US-Dollar. Je nach Hotel wird dieses Grundprogramm leicht abgewandelt. Flug- und Hotelkosten kommen natürlich dazu.

Oder eine afro-kubanische Trauung auf Kuba: Sie wird von einem Pastor „in festlichem Rahmen im Hotel oder auch am Strand" durchgeführt. Zum Paket gehören außerdem die Beglaubigung der Urkunde, Blumen, Sekt, Hochzeitstorte, Fotos, Friseur, Maniküre, ein Dinner und eine Suite mit Frühstück. Zu Risiken und Nebenwirkungen fragen Sie Ihr Reisebüro ...

Eine Heirat im Ausland wird in der Regel dort beglaubigt und bei uns dann anstandslos anerkannt. Das gilt aber nicht, wenn Sie sich – womöglich ganz ohne Papiere und Heiratsurkunde – nach einer Landessitte trauen lassen.

Falls Ihnen das Heiraten mit exotischem Flair zu teuer ist, können Sie bei der TUI und anderen Unternehmen auch eine Hochzeit in heimischen Städten und Regionen wie Hamburg oder Mecklenburg-Vorpommern buchen. Reiseziele und Preise können sich von Saison zu Saison ändern. Fragen Sie also frühzeitig im Reisebüro, was in der kommenden Saison im Programm ist, welche Papiere Sie brauchen und wie weit im Voraus Sie sich anmelden müssen.

TIPP **Ratsam ist es, nach einem Reiseveranstalter Ausschau zu halten, der ausreichend Erfahrung mit Heiratsreisen hat. Sie müssen sich schließlich darauf verlassen können, dass Ihnen im entscheidenden Augenblick kein Stempel fehlt.**

Wo Sie überall heiraten können

Außergewöhnliche Hochzeitsorte im Internet

www.abenteuer-hochzeit.de
Heiraten im Heißluftballon über Australien, beim Bungee-Jumping, auf dem Rücken eines Elefanten oder mit Elvis als Trauzeuge.

www.european-castle-hotels.com
Schlösser, Weingüter, Villen und Burgen in elf Ländern (allein in Deutschland sind 31 Orte im Angebot) mit Angaben, ob Kapelle/Standesamt vorhanden sowie tabellarisch aufgelisteten Informationen über Kapazität, Service, Bettenzahl, Preise und Bewertung durch Gäste.

www.wedding-company.de
Galerie von Traumhochzeiten wie z. B. Winterhochzeit im Pferdeschlitten mit Glühwein, Heiraten auf Sylt zwischen Dünen und Wattenmeer, Heiratsreisen nach Mallorca, Italien u. a.

www.weddix.de
Locations für Hochzeiten, aufgeteilt in sechs Kategorien, z. B. „zu Wasser". Als „außergewöhnliche" Orte sind u. a. im Angebot: die Saalfelder Feengrotten und ein ehemaliges Gefängnis, in dem die in Sträflingsanzüge gekleideten Gäste eine „Henkersmahlzeit" und ein „Armer-Sünder-Süppchen" zu sich nehmen können.

www.berlin-mitte.de
Angebote des Standesamtes Mitte, Berlin. Getraut wird z. B. in einer gläsernen S-Bahn, auf dem Fernsehturm, in der Humboldt-Universität, im Opernpalais, in Hotels und auf Schiffen.

www.location-pool-hamburg.de
Vermittlung ungewöhnlicher Locations im Raum Hamburg wie z. B. Museen, alte Speicher, Fabrikgebäude, Theater oder Konzerthallen.

www.deterding-incentive.de
Vermittlung außergewöhnlicher Locations zum Feiern in Hamburg, z. B. die Börse, alter Yachtclub, Spiegelsaal im Museum für Kunst und Gewerbe, Gewächshaus, St.-Pauli-Kirche.

www.burghotels.de
Umfangreiche Sammlung von Schlössern und Burgen in ganz Deutschland.

www.eiffel-ballooning.de/index2.htm
Hochzeiten im Heißluftballon über ganz Deutschland.

www.artvoice.de
Vermittlung ungewöhnlicher Locations wie z. B. Züge, Gewölbe, Tiergärten, Schwimmbäder, Museen, Industrieanlagen und Event-Management für durchgestylte (Hochzeits-)Feiern.

www.zeremonienmeister.de
Event-Agentur mit Filialen in Hamburg, München, Düsseldorf und Aachen. Große Auswahl an attraktiven Locations wie z. B. Museen, Klosteranlagen, Schiffe. Organisiert werden Feiern ab 100 Personen.

www.discoblitz.de/index2.htm
Infos über Veranstaltungsräume in ganz Deutschland, geordnet nach Postleitzahlen.

www.traumhochzeit.at
Schlösser zum Hochzeiten in Österreich.

www.switzerland-wedding.com
Fünf romantische und besondere Orte für Hochzeiten in der Schweiz, z. B. eine Gletschereiskapelle in der Nähe von Saas Fee.

www.italien-heiraten.de
Heiraten in Rom, in Verona, am Gardasee und anderswo in Italien.

www.alittlewhitechapel.com
Angebote mit Ausgangsort Las Vegas: Zum „wedding on wheels" fährt das Paar an die ganz persönliche Traum-Location; beim „drive thru" wird man im Auto oder auf dem Motorrad im „wedding tunnel" getraut.

www.destinationusa.net/HOCHZEIT.html
Alles übers Heiraten in den USA; auch eine „Helikopter-Heirat" ist im Angebot.

Warum in die Ferne schweifen?

Eine Hochzeit zu zweit in einer fremdartigen Umgebung mit ungewohnten Ritualen in einer unbekannten Sprache? Das ist nicht jedermanns Sache. Lieber in vertrauter Umgebung heiraten, werden Sie vielleicht denken und die komplette Hochzeit beispielsweise nach Österreich oder in die Schweiz verlegen wollen, wo Sie die Menschen verstehen und wohin vielleicht die engsten Verwandten mitkommen. Wenn Sie nicht über eine Reiseagentur buchen wollen, machen Sie es wie Karin und Ingo (siehe Seite 83): Suchen Sie sich einen schönen Ort aus, rufen Sie das dortige Standesamt an und erkundigen Sie sich, ob Sie da getraut werden können, wann ein Termin zu haben ist und welche Unterlagen Sie brauchen.

Das festliche Outfit

Ein Paar in einer bayrischen Kleinstadt wollte hochkorrekt vor den Altar treten und bekam die Auskunft: Zu ihrem langen weißen Brautkleid gehöre bei einer Hochzeit am Vormittag als Pendant ein Stresemann für ihn. Das ist ein festlicher Tagesanzug in Grau oder Grau-Schwarz mit deutlich gestreifter Hose. Nach der Hochzeit mussten sie sich folgenden Kommentar anhören: „Sie hat guat ausgschaut – aber er kimmt in da Werktagshosn!!"
So kann´s gehen. Die korrekt passende Kleidung nützt nichts, wenn sie als solche nicht erkannt wird.

Die Braut bestimmt den Stil

Eine strenge **Kleiderordnung** gibt es bei der Hochzeit kaum mehr. Früher hing es von der Tageszeit ab, ob der Bräutigam im Cut, im Stresemann, im Smoking oder im Frack auftrat.
Von diesen vier Varianten hat sich inzwischen der Smoking als festlicher Abendanzug durchgesetzt. Ein Frack wird abends allenfalls getragen, wenn das Paar (oder die dazugehörigen Familien) großen Wert auf traditionelle Eleganz legen.
Einige Traditionen erweisen sich als sehr dauerhaft. Nach wie vor heiratet die Mehrzahl jener 400.000 Paare, die in jedem Jahr Ja zueinander sagen, in einem Stil, der sich von dem der Urgroßeltern nicht wesentlich unterscheidet – sie in Weiß, er in Schwarz (oder quasi Schwarz). Und egal wie konventionell oder zwanglos die Hochzeit abläuft, nach wie vor müssen Gäste beachten: Dem Brautpaar gilt die ganze Aufmerksamkeit, und keiner sollte den beiden die Schau stehlen. Daher die alte Regel, dass an diesem Tag nur die Braut Weiß tragen darf – und der Bräutigam, muss man heute hinzufügen. Denn der kommt, anders als sein Großvater, gelegentlich im weißen Smoking-Anzug.
Als Faustregel gilt: Den Stil der Hochzeit gibt die Braut vor. Trägt sie ein langes weißes oder farbiges Hochzeitskleid, dann steht dem Mann an ihrer Seite der besagte, selten gewordene Stresemann zu, ein Cut oder ein Smoking bzw. Frack (beides ausgesprochene Abendanzüge). Immer und überall aber stimmt der schlichte dunkle Anzug. Der wird heute oft kombiniert mit einer farbigen, manchmal sogar bestickten Weste, was festlich und weniger großväterlich wirkt.

Das Brautpaar also tritt in Gala auf; dann kommen auch die Gäste – wenn sie wollen – in Lang und in Smoking oder dunklen Anzügen. (Ein Hut zum Kleid ist freiwillig, ein „Must" allenfalls bei den Royals.) Keine Probleme haben Hochzeiter in Regionen, in denen noch Tracht getragen wird; denn damit kann man – Brautpaar wie Gäste – auf jeder Hochzeit tanzen.

Die Gästeschar bietet meist eine bunte Mischung von Farben und Stilen. Hie und da blüht in der Menge ein Hut auf, und die Herren in ihren dunklen „Bratenröcken" geben der Szene Ernst und Würde. Neben einer Dame in langer Robe und im Schatten ihres ausladenden Huts steht vielleicht ein junger Mann, der zur Feier des Tages seine besten Jeans mit einem Jackett kombiniert hat, was voll in Ordnung ist. Fein ist relativ.

Wenn nun aber die Braut auf den großen Auftritt verzichtet und in einem kurzen, farbigen Kleid oder im Kostüm erscheint, dann sollten sich auch die Gäste zurückhalten und die große Robe im Schrank lassen. Ja, aber woher weiß man das vorher?

Der häufige Vermerk „elegante Abendkleidung" lässt Gäste etwas ratlos. Da zieht jeder an, was er für elegante Abendrobe hält. Eine klare Aussage haben Insider-Kürzel, die aus England stammen, wo die Bekleidungsetikette noch sehr ernst genommen wird, wie „white tye" (= Frack) oder „black tye" (= Smoking). Wenn Sie keine Stilvorgaben machen, kommt halt jeder so, wie er sich ungezwungen und dabei festlich fühlt.

Das große Zeremoniell in Weiß läuft meist nur bei der ersten Hochzeit ab. Ausnahme: Die Braut war noch nicht verheiratet und möchte als bildschöne Prinzessin auftreten. Wenn es für beide die zweite Ehe ist, verzichten die meisten Paare auf eine „große Hochzeit". Weißes Kleid und Schleier – Sinnbild der Jungfräulichkeit – wirken irgendwie deplatziert. Dementsprechend ist vieles ein paar Nummern bescheidener, so wie für irgendeinen beliebigen festlichen Anlass.

TIPP **„Zweit-Hochzeiten" werden oft in schlichterem Rahmen gefeiert – sowohl was die Hochzeitsgeschenke betrifft als auch das Outfit.**

TIPP **Wenn „Smoking/dunkler Anzug" dem gewünschten Stil des Festes entspricht, sollte das auf der Einladung vermerkt sein. Die Damen tragen dann ein Abendkleid, egal welcher Rocklänge. Die Angabe „Frack/Smoking" vermittelt den weiblichen Gästen die Sicherheit, in langen Abendkleidern nicht overdressed zu sein.**

Elisabeth, die mit ihrem zukünftigen Mann längst zusammenlebt und auch schon einen kleinen Sohn hat, findet eine weiße Hochzeit in ihrem Fall albern.

Hinzu kommt: Elisabeth ist klein und nur oben herum zierlich. Der Himmel weiß, in wie viele festliche farbige Kleider sie schon gestiegen ist, um immer wieder festzustellen: zu eng oder nicht mein Stil. Also geht sie zu einer Mode-Designerin, die im eigenen Atelier Maßanfertigungen schneidern lässt und auf Festkleider spezialisiert ist. In Berlin, wie in anderen Städten auch, gibt es einige solcher kleinen Ateliers. Die Fachfrau und Elisabeth haben bald herausgearbeitet, dass eine pure A-Linie ohne jeden Schnickschnack für Elisabeths Figur am besten ist.

Aber welcher Stoff? Die Schneiderin bringt immer neue Stoffproben. Keine hat bisher auf Anhieb überzeugt. Im Moment ist eine grünliche Seide mit einem Hauch von Gold in der engsten Auswahl. Es ist nicht so einfach, den Pfad der Tradition zu verlassen und das Kleid zu finden, das alle Augen auf sich zieht, aber nicht in weißen Spitzen und Rüschen schwelgt. Eine Freundin von Elisabeth hat sich für ihre eigene Hochzeit aus einem schweren Seidenstoff in Creme-Rosé Marlene-Hosen schneidern lassen und ein ganz schmales Hemd dazu; unter dem Hemd trug sie eine Corsage – sehr festlich und ein schöner Anblick.

Bei Felix ist die Sache unproblematisch. Er wird seinen fest-erprobten Smoking tragen, der ihn schon auf vielen Hochzeiten von Freunden begleitet hat. Zum Standesamt geht sie in einem fliederfarbenen Leinenkleid mit leichten – sozusagen festlichen – Turnschuhen; er trägt einen hellen Anzug.

TIPP **Zum Tanzen eignen sich manche Brautkleider nicht so gut. Viele Bräute nehmen sich deshalb zusätzlich ein leichtes Kleid mit, in dem sie sich besser bewegen können, nachdem alle sie in großer Robe ausreichend bewundert haben.**

Das Traumkleid für fast jeden Geldbeutel

In jeder größeren Stadt gibt es Spezialgeschäfte für Brautmoden (Branchenbuch), die sich meist auf konventionelles Outfit für sie und ihn eingestellt haben. Wolken in Weiß hängen da, manche mit Stickerei oder Perlen verziert, vereinzelt Hosenanzüge oder Brautkleider in Pastell.

Die große Kleiderauswahl unter Hunderten von Modellen von Größe 34 bis 56 und zu Preisen von 200 bis 3.000 Euro findet man in Zentren für Festbekleidung, die oft wie die großen Möbelsupermärkte irgendwo auf der grünen Wiese liegen. Da ist zum Beispiel Dodenhof in Posthausen, 30 Kilometer von Bremen entfernt. Oder Cécile Brautmoden am Autobahnkreuz Kerpen in Nordrhein-Westfalen. Oder der Bauernhof Laue in Tellingstedt bei Heide in Holstein, in dem Gala-Kleider für alle Gelegenheiten Raum um Raum füllen. „Die Suche nach dem Traumkleid dauert oft Monate", sagt Grete Laue. „Sobald klar ist, wir heiraten, ist der erste Gedanke: das Kleid. Es ist fast genauso wichtig wie der Mann."

In solchen Geschäften kann man tagelang Gewänder mit allem, was dazu gehört, anprobieren. Und was bleibt am Ende an der Braut hängen? Antwort der zuständigen Fachfrauen: Mehr und mehr lange Kleider in Champagnerfarben, weil das schmeichelhafter ist als reines Weiß. Im Trend sind schmal geschnittene Satinkleider und ganz schlichte Formen. Die kann man später noch öfter anziehen. Fachgeschäfte haben die größte Auswahl und können häufig das gewünschte Modell auch in Größen besorgen, die gerade nicht vorrätig sind. Außerdem ist meist ein Änderungsatelier angeschlossen.

Wer das Ausgefallene sucht, bekommt auch ein rotes oder schwarzes Festkleid (Farben, die es in der Geschichte der Hochzeit lange vor dem Weiß gab). Im Angebot sind außerdem Kleider in Gold oder Silber, die eigentlich für die Feier zum 25. oder 50. Hochzeitstag gedacht sind. Oder soll es vielleicht ein so genanntes „Solarkleid" sein, das bei Sonne die Farbe wechselt und plötzlich eine sonst unsichtbare Stickerei sehen lässt?

Preisbeispiele für eine komplette Ausstattung von Braut und Bräutigams stehen auf Seite 95.

Oben Top, unten Glitzerturnschuhe?

Wer Fantasie und/oder eine gute Beraterin hat, überlässt die teure Brautmode anderen, sieht sich in modischen Läden um und stellt sein Outfit selbst zusammen. In den Winter- und Sommerkollektionen gibt es meist viel Weiß: Vielleicht finden Sie einen besonders feinen weiten Rock, den Sie mit einem T-Shirt oder Top kombinieren können.

Bräute, die auf keinen Fall so aussehen wollen wie schon ihre Großmutter auf dem Hochzeitsfoto, können mit etwas Glück in Braut-Fashion-Geschäften fündig werden. „Hip" sind Turnschuhe im Glitzerlook oder origineller Haarschmuck (Perlen, farbige Federn, Bändchen, bunt gefärbte Strähnchen oder große Schleifen).

TIPP **Wenn Sie etwas Unkonventionelles suchen, nehmen Sie sich Zeit für einen Zug durch kleine Mode- und Designer-Läden, stöbern Sie in Second-Hand-Läden, schauen Sie auch ins Internet (Stichwort „Brautkleider"). Kaufen Sie aber kein Kleid, ohne es vorher zu probieren – dass so ein Schnäppchen makellos sitzt, ist eher unwahrscheinlich.**

Was ein komplettes Outfit kostet

Eine Brautausstattung ist im Schnitt doppelt so teuer wie das Outfit für den Bräutigam – schließlich hat die Braut die optische Hauptrolle.

Braut

Brautkleid: ab 200 bis 3.000 €
(Modelle vom Vorjahr werden zum Herbst heruntergesetzt)
Schleier: 30 bis 130 €
Brautschuhe aus Satin: 50 bis 150 €
Hüte: 100 bis 250 €
Brautstrauß: ab 20 bis 100 €
Blumenkranz: 10 bis 20 €
Tasche oder Pompadour: ab 50 €
Dessous: ca. 80 bis 100 €

Bräutigam

Smoking plus Hose: ca. 400 bis 600 €
Smokinghemd: ca. 100 bis 200 €
Fliege: 50 bis 75 €
Leihsmoking mit Hose: ca. 75 €
(bei Verleihern kann man manchmal Leihmodelle günstig kaufen)
Leihfrack: ca. 90 €; Hemd, Weste und Fliege dazu kosten zusätzlich ca. 200 bis 300 €
Leihcut: Weste, Hose, Sakko, Plastron oder Krawatte zusammen 165 €

Dunkler Anzug: ca. 550 €
Glatte schwarze Schuhe und Strümpfe: ca. 100 €

Eheringe: um 500 €

Die Eheringe aussuchen

Schön, wenn man alte Ringe geerbt hat oder unter Antiquitäten findet. Aber jene klassisch schlichten Reifen aus hochkarätigem Gold, schmale gerundete Ringe oder flache breite mit Gravur gibt es natürlich auch neu. Sie protzen nicht und konkurrieren nicht mit anderem Schmuck. Auf der Innenseite werden der Vorname des Partners und das Hochzeitsdatum eingraviert, wie es immer schon üblich war. Die Mehrzahl der neuen, modernen Eheringe sollen auffallen und mehr herzeigen. Verschiedene Metalle bilden Muster, manche Ringe sind mit Diamanten und anderen Edelsteinen geschmückt. Zu den teuersten gehören diamantbesetzte Platinringe.

Juweliere sagen, dass es Gold- und Silbertypen gibt. Zu einer bräunlichen Haut sieht Gold schön aus, eine blasse Haut verlangt – angeblich – nach Platin, dem unverwüstlichen Metall, das wie Silber aussieht.

Vor allem Gold, Weißgold und Platin werden zu Eheringen verarbeitet. Silber allein eignet sich weniger, weil es weich ist und leicht verkratzt. Auch reines Gold ist zu weich für einen Ring, der täglich getragen und entsprechend strapaziert wird.

Deshalb werden Edelmetalle mit anderen, härtenden Metallen zu einer Legierung zusammengeschmolzen. Über den Goldgehalt eines Schmuckstücks gibt der Stempel auf der Innenseite Auskunft.

Was die Stempel aussagen:

333 (= 8 Karat)
bedeutet 33 Prozent Goldgehalt.

585 (= 14 Karat)
hat 58 Prozent Gold.

750 (= 18 Karat)
ist mit 75 Prozent schon sehr goldhaltig.

833 (= 20 Karat)
hat 83 Prozent Goldgehalt, also nur wenig Beimengungen.

990 (= 24 Karat)
besteht fast aus reinem Gold und ist deshalb relativ empfindlich.

Für Allergiker können Legierungen heikel sein, vor allem, wenn sie Nickel und Cadmium enthalten.

TIPP **Fragen Sie beim Juwelier oder Goldschmied nach „hautverträglichen“ Ringen, die ohne Reizmetalle hergestellt werden. Am sichersten ist das teure Platin.**

Das „Pfand der Liebe“

Ringe gelten als Symbol ewiger Liebe, weil sie keinen Anfang und kein Ende haben. Und dieses Symbol hat eine lange Geschichte, die immer mit der Beschwörung von Liebe und Treue zusammenhängt. Schon im alten Rom trugen die Frauen einen Verlobungsring. Damals war der allerdings aus Eisen, aber bereits mit Gravur versehen, wie „Pignus amoris habes“ („Du hast meiner Liebe Pfand“). Auch bei den alten Germanen schenkte der Mann der Frau einen Ring als Liebespfand.

Den Ring auf einen bestimmten Finger (den so genannten „Ringfinger“) zu stecken, haben die Ägypter erfunden. Der vierte Finger der linken Hand galt als Liebesfinger, den nach damaligem Verständnis eine Ader direkt mit dem Herzen verband.

Im Mittelalter waren Ringe als Verpflichtung zur Treue weit verbreitet; bezeichnenderweise trugen nur die Frauen einen Treuering. Etwa im 16. Jahrhundert kamen dann Zwillingsringe auf, die sich ineinander schieben ließen. Während der Verlobungszeit trugen er und sie einen der Zwillinge. Bei der Hochzeit wurden die beiden Hälften zusammengefügt und der Frau als Ehering an den Finger gesteckt. (Die Treue des Mannes bedurfte offenbar keines sichtbaren Zeichens.)

Später bürgerte sich – zusammen mit der kirchlichen Heirat – der schmale, schlichte Reif ein. Wer es sich leisten konnte, trug einen goldenen Ehering. Verlobte steckten ihn auf den linken, Verheiratete auf den rechten Ringfinger. Wer einen Doppelring trug, war verwitwet, und wer keinen Ring anhatte, war offenbar noch zu haben.

Der schönste Strauß für die Braut

Früher gab es genaue Vorgaben, aus welchen Blumen und Gewächsen ein Brautstrauß zusammengesetzt sein sollte. Die Pflanzen stammten aus dem Liebesgarten der Antike: Myrte war ganz wichtig als Pflanze der Liebe, hinzu kamen Rosen, Türkenbund, Gladiolen, Majoran und Pfingstrosen.

Heute kennt man nur die eher banale Regel: Der Strauß sollte in Stil und Farbe zum Brautkleid passen, in der Größe zur Braut. Gemeint ist damit zum Beispiel, dass eine kleine, zierliche Braut sich nicht mit einem großen Strauß (noch) kleiner machen sollte.

In Blumenläden gibt es beinahe das ganze Jahr über so viele Blumen, dass sich eine mit dem Brautkleid harmonierende Farbe finden lassen müsste. Wenn Sie sich nicht entscheiden können, nehmen Sie im Zweifelsfall Blumen der Jahreszeit. Sie sind frisch, halten länger als die empfindlichen, von weither eingeflogenen Schönen – und sie sind oft deutlich preiswerter! Ein Strauß Maiglöckchen schmückt und duftet zudem auch; eine Hand voll bunter Wicken oder Vergissmeinnicht findet mehr Aufmerksamkeit als manches der steifen Gebinde, die einem einige Floristen in die Hand drücken.

Natürlich können Sie sich bei der Auswahl auch an der traditionellen Symbolik orientieren und zum Beispiel Rosen als Blumen der Liebe und den immergrünen Efeu als Symbol der Treue miteinander kombinieren. Diese beiden vertragen sich gut – im Strauß.

Vorsicht bei Lilien! Sie sind ebenso schön wie bedeutungsvoll, gelten sie doch als Blumen der reinen Liebe. Wenig reinlich ist leider ihr Blütenstaub: Er hinterlässt sehr hartnäckige Flecken auf dem Hochzeitskleid, und an so einem Symbol der Treue ist Ihnen sicher nicht gelegen! Wenn Sie aber auf die Lilien in Ihrem Brautstrauß nicht verzichten möchten, schneiden Sie vorsichtshalber die Staubgefäße ab, damit das Kleid rein bleibt.

Enthält der Strauß Tulpen oder andere sehr wasserhaltige Blumen, die bis zum letzten Moment in Wasser stehen müssen, stecken Sie die Stielenden in ein kleines Plastiksäckchen und binden Sie eine breite Schleife darum.

Es muss übrigens nicht unbedingt ein Strauß sein, den die Braut im Arm hält. Es hat schon Bräute gegeben, die nur eine Lilie, eine wunderschöne alte Rose, einen Zweig mit Mandel- oder Orangenblüten oder – mal ganz anders – ein herzförmiges zierliches Blütenkränzchen in der Hand hielten.

TIPP **Bevor Sie lange überlegen, in welche Hand Sie den Brautstrauß nehmen: Da die Braut rechts vom Bräutigam zur Trauung geht, trägt sie den Strauß rechts.**

Strahlend zur Trauung

Der alte Aberglaube, dass etwas immer schief gehen muss, damit alles andere klappt, gilt natürlich auch am Tag der Hochzeit. Zum Beispiel: Nach einer etwas unruhigen Nacht entdeckt die Braut beim Aufwachen als Erstes den prachtvollen roten Pickel auf der Stirn. Im Spiegel sieht sie ein müdes Gesicht mit geschwollenen Augenlidern.

Jetzt ganz ruhig bleiben, erst mal unter die Dusche und eine Weile vor allem das Gesicht „laukalt" duschen. Sind die Lider dann noch verquollen, kurz hinlegen (Sie haben doch eine kleine Zeitreserve eingeplant???) und die Augen mit Kompressen kühlen.

Noch nicht anziehen, erst kommt die Feinarbeit: Haut mit Feuchtigkeitscreme einreiben, Pickel und andere Unreinheiten mit Korrekturstift abdecken. Dann eine zarte, aber nicht zu blasse Grundierung auftragen. Und schon sehen Sie wie neu aus! Zum Schluss leicht überpudern.

Das Gesicht wirkt weicher, wenn Sie sich in zarten Farben schminken und zum Beispiel einen grauen Kajalstift statt eines schwarzen nehmen. Ganz wichtig: Der Lippenstift muss kussfest sein, denn heute gibt es viele Küsse! Deo und einen zarten Duft nicht vergessen. Vor dem Anziehen Gesicht und Haar mit einem Chiffontuch abdecken, damit kein Make-up aufs Kleid kommt.

TIPP **Viel mehr als Lippenstift, Puder, Kamm und ein Zier-Taschentuch wird in Ihre kleine Tasche nicht hineinpassen. Geben Sie einer Freundin noch mit: Tempotücher, Blasenpflaster, Haarspangen, Ersatzstrümpfe und ein Parfüm für den Abend.**

Die Geschenke

Elisabeth und Felix haben ihren „Zeremonienmeister" gebeten, den Gästen für Anfragen „Was wünschen sich die beiden denn?" zur Verfügung zu stehen. *Seine Auskunft ist die: Sie hätten gerne neue Stühle einer bestimmten Art und bitten um Spenden auf ihr Konto „Stühle".*

Der Nachteil dieses Verfahrens: Das Paar kann am Kontoauszug sehen, wie viel jeder Gast eingezahlt hat, und das ist vielleicht nicht jedem angenehm. „Datenschutz" bietet ein Sparschwein oder das Konto eines Freundes, der später die Summe nicht aufschlüsselt. Dann wird gar nicht erst sichtbar, wie spendabel ihre Patentante war im Vergleich zu seinem Onkel, der nicht zu sparen braucht, und kein Spender muss sich unter Druck gesetzt fühlen.

Gaben zum Aussuchen: der Hochzeitstisch

Dem Brautpaar fehlen noch Teller, Gläser, Kochtöpfe oder Küchenmaschinen? Kein Problem – es gibt ja die „Hochzeitstische": In einem Geschäft für Haushaltswaren oder einem Kaufhaus wird ein Tisch mit Sachen bestückt, die das Paar gern hätte, vom Eierbecher bis zum Mikrowellenherd. Jeder Gast kann etwas in passender Preislage für sich herauspicken, einpacken lassen und mitnehmen. Die meisten Geschäfte bieten auch an, das Geschenk beiseite zu stellen und den Hochzeitern zum richtigen Termin zuzuschicken. Ganz aufmerksame Verkäufer erinnern ihre Kunden außerdem daran, ein Glückwunschkärtchen mit gut lesbarem Namen beizulegen, damit die Beschenkten wissen, bei wem sie sich für die eiserne Bratpfanne bedanken können.

Aus alter Tradition geht's bei den Geschenken meist um Praktisches für die Küche. Unter Umständen fehlt's aber weniger an Kochtöpfen als an Wäsche. Wenn zwei zusammenziehen, führt das oft zu einer zufälligen Mischung von Bettzeug und Handtüchern, die nicht so recht zusammenpassen. Warum also nicht den Hochzeitstisch in einem gut sortierten Wäscheladen aufstellen lassen? Vielleicht würden Sie sich aber auch viel mehr über Bücher oder CDs freuen. Dann lassen Sie in Ihren Lieblingsläden eine Liste führen und teilen Sie das Ihren Gästen mit – oder bitten Sie Ihren Zeremonienmeister (Sie haben doch einen?), das für Sie zu tun.

Fast wie Weihnachten: der Wunschzettel

Paare, die sich nicht auf eine bestimmte Art von Geschenken oder ein Geschäft festlegen möchten, können eine Wunschliste aufstellen. Die Gegenstände sollten möglichst genau bezeichnet sein (Markenname, Farbe, Größe, Preis, wo zu bekommen). Wenn's geht, zusätzlich ein Bild in die Liste kleben. Wichtig sind unterschiedliche Preisniveaus – von günstig bis edel sollte etwas dabei sein. Die Verwaltung der Liste wird meist einer der Mütter oder einer Freundin übertragen. Sie muss jedes gewählte Geschenk gleich von der Liste streichen, damit es keine Doubletten gibt.

TIPP **Schreiben Sie Ihre Wünsche (mit genauen Angaben natürlich) auf die Seiten eines Abreißblocks und lassen Sie den unter den Gästen rumgehen. Dann kann sich jeder wahlweise das Blatt mit der Wolldecke oder der Espressokanne abreißen und hat gleich alle nötigen Details zur Hand, um das Geschenk besorgen zu können. Schreiben Sie reichlich Wünsche auf, damit auch der Letzte noch Auswahl hat.**

Alle Gäste legen zusammen

Die meisten Paare heute haben schon alle Tassen im Schrank und ausreichend Bettwäsche in der Kommode, wenn sie sich zum Heiraten entschließen – es zieht wohl kaum noch jemand direkt aus dem Elternhaus sozusagen mittellos in die gemeinsame Wohnung. In der Mehrzahl aller Fälle bringen beide einen eigenen Hausstand mit in die Ehe, wenn sie nicht überhaupt schon längere Zeit zusammenleben und gemeinsam wirtschaften. Das Problem ist dann weniger „Wie kriegen wir unseren Hausrat zusammen?" als vielmehr „Wie werden wir den Überschuss wieder los?".

Deshalb werden Sammelgeschenke immer beliebter: Mehrere Spender tun sich zusammen und ermöglichen dem Paar eine Anschaffung, die es sich sonst nicht hätte leisten können – ein richtiges Wunsch-Geschenk also!

Freunde von Elisabeth und Felix haben sich sehnlich ein Segelboot (gebraucht) gewünscht. *Das wussten einige und haben vor der Hochzeit eine geheime Sammelaktion in Bewegung gesetzt. Zum Glück gab es sehr, sehr viele verwandte und befreundete Sponsoren. Das Boot war natürlich ein Hit!*

Andere Paare wünschen sich Schlafsäcke, ein bestimmtes Gemälde, eine digitale Kamera, eine alte Kommode, einen Esstisch, zwei Fahrräder, ein Lexikon, einen Globus, eine Espressomaschine ... Diese Liste lässt sich beliebig ergänzen mit Dingen von langer Lebensdauer, die in unterschiedlichen Preislagen zu haben sind.

Wenn Verwandte und Freunde zuverlässige Informationen haben, was die beiden mögen (wie beim Boot) und wirklich auch brauchen, können sie sich zu einem gemeinsamen Überraschungsgeschenk zusammentun: einen Apfelbaum oder Zierbaum für den Garten vielleicht, einen schönen Rosenstock, eine Reise „Drei Tage in ..." (im Voraus gebucht und bezahlt bzw. als Gutschein), eine Nacht in einem besonders schönen Hotel, das auf der Hochzeitsreise-Route liegt, oder ein Essen in einem Sterne Restaurant. Weitere schöne Geschenke in ganz unterschiedlichen Preislagen sind zum Beispiel ein Abonnement für BRIGITTE oder GEO (oder nach eigener Wahl), ein Gutschein für Ikea, ein Möbelstück, das die beiden selber aussuchen können, CDs, ein schöner alter Spiegel, Karten für eine ganz bestimmte (sauteure) Aufführung ... So gut wie alles, von dem man weiß, dass es dem Paar große Freude machen wird, kommt als Sammelgeschenk in Frage.

Originell ist ein Sammelgeschenk der besonderen Art: Jeder stiftet ein schönes altes oder neues Glas bzw. Besteck, bis eine ausreichende Sammlung von lauter Einzelstücken (oder auch gleichen Teilen) beisammen ist. Oder jeder spendet einen 20-Euro-Schein. Alle Scheine werden dann (ohne Kleber!) in einem Album befestigt und den Hochzeitern überreicht.

Manches Paar freut sich vielleicht über einen Ballonflug. Eine Stunde kostet pro Person etwa 200 Euro, maximal 12 Leute können an einer Fahrt teilnehmen (Adressen im Branchenbuch unter Ballons oder Luftballons). Ein Flug mit dem Sportflugzeug ist für 150 Euro (pro Person und eine halbe Stunde) zu sponsern. Der Höhenflug mit Hubschrauber ist mit 250 Euro erheblich teurer. Solche Geschenke kommen aber nur dann gut an, wenn beide wagemutig und schwindelfrei sind.

Nur Bares ist Wahres?

Nacktem Geld haftet seit jeher etwas Schnödes an, Spendern wie Empfängern wird häufig eine materialistische Grundeinstellung unterstellt. Unsinn: Natürlich spricht gar nichts gegen Geldspenden. Sie sollten nur diskret genug verpackt sein – wie ja auch in besseren Restaurants sich die ganze Bezahlzeremonie in einer Serviette versteckt.

Auf dieses Ritual sollten Spender Rücksicht nehmen und Geld in einer Form überreichen, die niemand in Verlegenheit bringt. Zum Beispiel in einem Geldkoffer wie im „Tatort". Dann eine dünne Schicht Scheine über eine Füllung aus Zeitungen breiten. Manche verstecken die Ernte einer Kollekte in einer sandgefüllten Kiste, die das Brautpaar zu Hause auskippen oder sieben muss.

Auffälliger sind euro-gefüllte Säckchen, die wie Früchte an einem kleinen echten oder künstlichen Bäumchen aufgehängt sind. Und ein satt gefülltes Sparschwein kommt auch immer gut.

Im Moment liegen vor allem die Antiquitäten aus den 20er und 30er Jahren im Trend. Aber auch Designstücke aus den 60er Jahren, die ja fast ebenso „antik" sind, kommen in der Regel gut an. Oft ist schon die Jagd nach solchen Unikaten ein großes Vergnügen. Schenker sollten sich Zeit dafür nehmen.

Der neue Familienname

Wie das Ehepaar heißt, muss erst mal bekannt werden und sich allen einprägen. Wer sich gut in den Geschmack und Lebensstil der Hochzeiter einfühlen kann, schenkt ihnen Briefpapier mit neuem Namen und neuer Adresse (garniert mit vielen Briefmarken) oder Visitenkarten, ein neues Türschild, einen großen Stempel mit Namen und Adresse, mit dem das Paar die Veränderung verbreiten kann. Siegellack und Petschaft machen Menschen Freude, die Sinn für Nostalgisches haben, dazu feines Briefpapier.

Weitere originelle Geschenke: Für jeden einen eigenen Stuhl, bei dem der Vorname (mit Hilfe einer Schablone) auf die Rückenlehne aufgemalt oder als kleines Email-Schild angebracht ist. Ein Paar schöne, einfache Gläser, mit je einem eingravierten Namen, so dass jeder seins hat. Dasselbe kann man mit Serviettenringen oder mit alten Holzschatullen machen.

Ganz spezielle Geschenkideen

Antiquitätengeschäfte sind eine wahre Fundgrube. Als Hochzeitsgeschenk kann man dort zum Beispiel erstehen: zwei schöne alte Gläser, eine alte Karaffe, einen silbernen Fotorahmen (der dann noch mit einem passenden Bild bestückt wird), eine Suppenkelle (plus Suppenkochbuch), einen barocken Kerzenleuchter (mit Kerzen), zwei niedliche alte Salztöpfchen (mit Salz), zwei Serviettenringe (mit Servietten), Talismane (Schmuck aus Afrika beispielsweise) für ihn und für sie (mit Kette zum Umhängen), Leinenhandtücher, alte Bilderrahmen – so was bleibt selten ungeliebt.

Unsere Kastanie

Einmal im Leben einen Baum pflanzen, und zwar an einer Stelle, an dem jeder ihn sehen kann – das wünschen sich heute manche Paare, die alles Nötige schon haben (und dazu noch Sinn für die Umwelt). Der Baum wird von den beiden an einem öffentlichen Platz gepflanzt – natürlich mit Erlaubnis der Gemeinde. Ebenso gut kann man an einem geeigneten Platz eine Bank aufstellen lassen mit einem kleinen Schild: „Gestiftet von ..."

Geschenke zum Selbermachen

- Aus dünnem Leinen zwei kleine Kissenhüllen (für Kuschelkissen) nähen und mit Monogramm besticken.
- Ein Grundsortiment Werkzeug mit dem Brennstab namentlich markieren (Initialen in Holzgriffe).
- Einen Stammbaum (gekauft oder selbst gemalt) mit den Porträtfotos der Vorfahren verzieren.
- Eine CD mit den Lieblingsstücken des Paares zusammenstellen.
- Ein Hochzeitsbuch oder -album gestalten.
- Ein Rezeptbuch selber schreiben.
- Lieblingsgedichte in ein schönes Album schreiben.
- Die Adressen sämtlicher Freunde in ein großes Adressbuch eintragen.
- Einen Memory-Quilt (Patchwork gefüttert und gesteppt) als Kissen oder Decke nähen aus lauter Stoffresten, die dem Brautpaar vertraut sind: z. B. Kinderkleider von ihr, ehemalige Lieblingshemden oder Krawatten von ihm.
- Einen Kuchen in Herzform für den Tag nach der Hochzeit backen.

Es sind – wie jeder aus Erfahrung weiß – nicht unbedingt die teuersten Geschenke, die am meisten Eindruck machen.

Geschenke für den Hochzeitstag

Mitwirkung am Fest – das ist ein Supergeschenk! Zum Beispiel: Eine Sängerin oder ein kleines Ensemble für die Kirche engagieren oder ein paar Musiker honorieren, die die Gäste festlich begrüßen oder nach der Trauung beim Empfang Jazz spielen. Ein Frühstück für den nächsten Morgen ausrichten, bei der Hochzeit für extra gute Weine sorgen, die Dekoration von Raum und Tischen oder die Beleuchtung des Gartens übernehmen. Auf der Hochzeit Fotos machen oder einen Videofilm drehen.

Noch eine gute Idee, die recht oft praktiziert wird: Jeder Gast bzw. jedes Paar oder jede Familie wird bei der Ankunft mit der Polaroidkamera fotografiert. Die Bilder werden dann sofort in ein vorbereitetes Hochzeitsalbum geklebt und noch während des Festes schreibt jeder unter sein Bild, was er dem Paar wünscht.

Das kostet kein Geld

Gutscheine über bestimmte „Dienstleistungen", die das Paar nach Bedarf „abrufen" kann, machen dem Spender zwar Arbeit, kommen aber besonders gut an. Ein Gutschein für zehnmal Babysitting, an Freunde von Elisabeth und Felix vergeben, wurde prompt eingelöst. Weniger Erfolg hatte die schriftliche Zusage „50 Hemden bügeln". Das einzufordern, hat sich das Brautpaar offenbar nicht getraut.

Aber: „Ich koche einmal für euch und soundso viele Gäste" – das war ein Knüller, denn der Spender ist ein toller Koch. Bei Gutscheinen kommt es auch darauf an, was das Paar in nächster Zeit besonders nötig hat: Muss die Wohnung gestrichen werden? Kann einer der beiden zehn Stunden Computer-Unterstützung dringend gebrauchen? Oder würden sich die beiden über Hilfe bei der ersten ehelichen Steuererklärung freuen?

Wann bringen? Wann öffnen?

Dass die Gäste umfangreiche Geschenke nicht mit zur Hochzeit schleppen, versteht sich. Alle größeren Gaben sollten an einem bestimmten Tag angeliefert werden. Wenn das Brautpaar unterwegs ist oder gleich nach dem Fest auf Reisen geht, ist es sinnvoll, einen „Post-und-Geschenk-Annahme-Dienst" einzurichten. Gäste, die sich an der Freude des Paares mitfreuen wollen, können ihre schwergewichtige Gabe fotografieren, das Bild aus einem Katalog ausschneiden oder den Gegenstand abzeichnen und diesen Vorgeschmack am Hochzeitstag überreichen.

Für handliche Geschenke sollte irgendwo ein Tisch oder eine andere Ablage stehen. Das heißt nicht, dass die Päckchen sofort geöffnet werden müssen. Dafür ist auf einem Fest einfach zu wenig Zeit und Aufmerksamkeit möglich. Das Brautpaar möchte man auch sehen, das zwanzigmal hintereinander in ausgewogenen Jubel ausbrechen kann. Machen Sie sich doch ein Extrafest daraus, die Geschenke in Ruhe auszupacken!

Und dann feiern!

Vor dem Standesamt

Natürlich gibt's noch eine Laufmasche am Morgen, die Ringe haben sich versteckt, die Blumen kommen zu spät, und wer bitte holt eigentlich Onkel Georg vom Flugplatz ab?
Don't worry, be happy! Solche kleinen Pannen sind nötig, damit die bösen Geister, die nach altem Volksglauben dem jungen Paar sein Glück neiden könnten, wenigstens etwas auf ihre Kosten kommen. Danach sind sie zufrieden und geben Ruhe.
Der fröhliche Teil der Hochzeit beginnt schon vor dem Standesamt: Während sich drinnen die Hochzeiter das Jawort geben, umstanden von den nächsten Angehörigen und Freunden, formiert sich draußen eine bunte Gästeschar zu einem Spalier und wartet darauf, das neue Ehepaar mit Reis – wahlweise mit Konfetti oder Rosenblättern – zu bewerfen. Das soll sich positiv auf die Fruchtbarkeit auswirken. Manchmal stehen da auch ein Saxofonbläser, eine Frau mit einer Ziehharmonika, ein Flötenspieler oder die befreundeten „Harmonists", um die ersten Schritte ins Eheleben musikalisch zu begleiten.

Eine macht die ersten Fotos. Jemand hat sich ausgedacht, dass die beiden durch ein riesiges rostiges, rosenumranktes Drahtherz (beim Schlosser biegen lassen) steigen müssen, was ganz sicher Glück in der Liebe bringt. Gern lassen Freunde einen Schornsteinfeger kommen – eventuell mit einem (Plüsch-)Ferkel im Arm –, der ein Gedicht aufsagt, oder jemand liefert ein Hufeisen ab: Man muss einfach dem Glück jede Chance geben.
Es kommt auch vor, dass alle Anwesenden gleich nach der Trauung im oder vor dem Standesamt (oder auf dem Rasen neben der Kirche) ein Glas Sekt auf das Brautpaar trinken und so den üblichen Sektempfang kurz und zwanglos halten. Gut, wenn danach eine Pause im Programm eingeplant ist und das Hochzeitspaar und alle Fans etwas Ruhe und Zeit zum Umziehen haben.

Das können Sie künftig alles feiern:

Johanna und Sebastian hatten es nicht weit von der Kirche zum Festort. *Das war ein großes Vereinslokal, das sie gemietet hatten. Man konnte also gut auf Autos verzichten. Doch hatte das Hochzeitspaar vorher nicht bedacht, dass es irgendwie unüblich ist, mit Schleppe und Schleier die Straße entlangzuwandern. Das brachte die beiden auf die Idee, eine Rikscha zu mieten, was ihnen mit Hilfe des Internets auch mühelos gelang.*
So setzte sich ein höchst ungewöhnlicher Brautzug in Bewegung. Vorweg die Brautleute in ihrem asiatischen Gefährt, dahinter die Gäste, die meisten auf Fahrrädern – ein buntes, lustiges Bild. An Stelle des üblichen Hupkonzerts wurde geklingelt. Und weil die Rikscha für den ganzen Tag gemietet war, durften danach alle größeren Kinder mal ein bisschen damit fahren, das heißt vielmehr, sich fahren lassen. Das war natürlich „echt cool"!

Nach 5 Jahren die hölzerne Hochzeit,

nach 7 Jahren die kupferne Hochzeit,

nach 10 Jahren die Rosen-Hochzeit,

nach 12,5 Jahren die Petersilien-Hochzeit,

nach 15 Jahren die kristallene oder Veilchen-Hochzeit,

nach 20 Jahren die Chrysanthemen-Hochzeit,

nach 25 Jahren die silberne Hochzeit,

nach 30 Jahren die Perlen-Hochzeit,

nach 40 Jahren die Rubin- oder Smaragd-Hochzeit,

nach 50 Jahren die goldene Hochzeit,

nach 60 Jahren die diamantene Hochzeit,

nach 65 Jahren die eiserne Hochzeit,

nach 70 Jahren die Gnaden-Hochzeit.

Die Hochzeitsgesellschaft von Elisabeth und Felix kam auf dem Wasserweg. *Das heißt, sie näherte sich der Festvilla im Hafen in einer Barkasse. Alle Gäste, die Lust auf eine Bootsfahrt mit einem Schlenker durch den Hafen hatten, versammelten sich am Fähranleger (die anderen machten einen Umweg mit dem Auto). Während sie da wartend standen, wurde die Braut von zwei Freunden mit krimineller Energie vor aller Augen gekidnappt und in einem Motorboot entführt. Alle sahen sehnsüchtig hinterher, denn der Tag war heiß und jetzt auf einem schnellen, wendigen, offenen Boot übers Wasser zu flitzen, schien eine verlockende Idee. Die Braut fand sich später von selber wieder ein. Sie stand am Anleger am anderen Ufer, als die Festgesellschaft landete.*

TIPP **Vor Brautraub, der mit längerer Suche verbunden ist, wird gewarnt. Denn dabei amüsiert sich, wenn überhaupt, nur eine kleine Gruppe von Gästen.**

Die Gäste bekannt machen

Typische Szene beim Empfang: Man steht zusammen, trinkt Begrüßungssekt oder einen Cocktail und schaut sich heimlich um: Aha, das scheinen die Eltern von ihr zu sein ... – und was man halt so denkt, wenn man zum Zwecke des Feierns auf mehr oder weniger bekannte Mitmenschen trifft. Natürlich kann das Brautpaar den Steh-Empfang nutzen und Gäste nach der Begrüßung miteinander bekannt machen. Unbekannte ins Gespräch und die Gesellschaft durcheinander zu bringen, geht aber auch auf spielerische Art.

Tischnachbarn verlosen

Statt vorher eine komplette Sitzordnung auszuklügeln, hält man am Eingang einen Korb bereit. Darin sind kleine gerollte Namenszettel aller Herren oder aber aller Damen versammelt. Jeder weibliche (oder männliche) Gast greift sich ein Namenslos aus dem Korb, erfährt auf diese Weise den Namen der Tischnachbarin oder des Tischnachbarn und muss sie oder ihn dann in der Menge suchen. Wenn man vorher für alle Frauen (oder eben für alle Männer) Plätze festgelegt hat – ein Platz daneben bleibt jeweils frei –, entsteht auch hier eine Tischordnung.

Man kann auch Freunde bitten, mit einem Korb voller Namenszettel von einem zum anderen zu gehen und die Prozedur zu erklären – das gibt Gesprächsstoff. Aber Achtung: Bei solchen Spielchen kommen wahrscheinlich auch Leute zusammen, die sich wenig zu sagen haben. Deshalb sollten die Gäste nach dem Mahl die Plätze wechseln können.

Wer kann das sein?

Ein Spiel für eine kleinere Gesellschaft: Braut und Bräutigam – sie sollten sich auf diesen Auftritt etwas vorbereitet haben – stehen auf dem Podium und erzählen im Wechsel Facts und Anekdoten über einen weiblichen (das macht die Braut) oder männlichen Gast (das ist Sache des Bräutigams). Zum Beispiel:

Sie sammelt Katzenfiguren aller Art und besitzt bereits so viele, dass kaum mehr Platz für Bücher in ihrem Regal ist. Aber sie nimmt immer noch gerne neue auf. Früher arbeitete sie für eine Bank in Dresden, ist dann nach Frankfurt gezogen und gibt jedem gerne Auskunft, welche Geldanlagen zurzeit die sichersten sind …

Und so weiter. Taktlosigkeiten begrenzt erlaubt, Indiskretionen verboten! Wer sich erkennt (so viele katzensammelnde Bankangestellte gibt's ja nicht), kommt nach vorne und wartet, bis sich der Tischpartner seinerseits geoutet fühlt. Wird das allzu viele Male wiederholt, kann's langweilig werden. Aber in kleineren Gruppen können die Gäste so schon mal erfahren, „who is who" und was der Betreffende macht. Das gibt Anknüpfungspunkte für erste Gespräche.

„Meine Gäste, deine Gäste“

Für einen Überblick über die Gesellschaft genügt es bereits, seine und ihre „Fan-Group“ zu markieren, zum Beispiel durch je ein rotes bzw. grünes Band im Knopfloch oder ums Handgelenk. An dem Bändchen kann man anknüpfen: „Aha, Sie gehören also zur Braut ...“ und sich langsam herantasten, wie die Zusammenhänge sind und welche Bande diese Gesellschaft verknüpfen.

Viele Freunde von Peter und Ingrid kannten sich vorher nicht. *Sie kamen aus unterschiedlichen Städten. Auch die beiden Familien waren sich – bis auf die Eltern – bisher nicht begegnet. Da musste also etwas geschehen: Das Brautpaar bat schon auf der Einladung alle Gäste, möglichst umgehend ein Foto zu schicken – keine kunstvolle Profiaufnahme, die Gäste sollten nur gut zu erkennen sein. Diese insgesamt etwa 60 Fotos der Eingeladenen wurden auf lose Blätter geklebt und mit erhellenden Unterschriften versehen wie zum Beispiel: „Gerd, ein Freund von Ingrid seit Schulzeiten, kommt mit Freundin Isabell. Er ist Computerfachmann, sie unterrichtet an einer Grundschule. Die beiden leben in Darmstadt.“*
Die Loseblattsammlung wurde vielfach kopiert, mit dem Titel „Who is who?“ versehen, zusammengeheftet und verteilt. So konnte jeder herausfinden, wer die beiden sind und in welchem Verhältnis sie zum Brautpaar stehen.

Was ein richtiger PC-Tüftler ist, der kann die Vorstellung der Gäste noch moderner gestalten und mediengerecht technisch aufbereiten.

Anette und Michael hatten ungefähr 30 Gäste zur Hochzeit geladen. *Einige kamen aus Anettes Heimat Dänemark angereist. Michaels Vater, ein Computerfreak, übernahm die Vorstellung auf Multimedia-Art: Er ließ sich lange vor dem Fest von allen Gästen Fotos und Informationen per E-Mail schicken und hatte also alles Nötige im Computer. (Gäste ohne E-Mail-Zugang konnten Abzüge ihrer Fotos schicken, die dann eingescannt wurden.)*
Was nun kommt, setzt die Software „Powerpoint“ voraus, die bei neueren PCs zur Grundausstattung gehört. Sie macht es möglich, Fotos, Grafiken und Texte auf verschiedene Weise miteinander zu verbinden. Michaels Vater hatte die Gäste-Galerie auf seinen Laptop überspielt und eine Leinwand sowie einen Beamer besorgt. So konnte er die Bilder für alle sichtbar groß an die Wand werfen und per Fernbedienung wechseln. Präsentation und Kommentare kamen bei den Gästen gut an: Sie wurden nicht nur vorgestellt, sondern fühlten sich auch gewürdigt.

Nichts gegen Multimedia. Aber zum Glück ist die herkömmliche Methode nicht aus der Mode gekommen: Ist die Gästeschar überschaubar, kann man jeden einzeln vorstellen. Braut, Bräutigam oder einer der Eltern begrüßt alle und erklärt danach, wer sich hier alles versammelt, zum Beispiel so:

Die Dame in der gestickten Bluse ist unsere liebe Ami, eine Nachbarstochter, die mit unseren Kindern in die Schule gegangen und seitdem in Kontakt geblieben ist. Rechts neben ihr Rudi Schmidt, ein Arbeitskollege unserer Tochter, mit dem sie sich durch diverse Krisen hindurchgerauft hat. Dabei wurden die beiden dicke Freunde ...

Möglich ist natürlich auch, dass das Paar nebeneinander steht und die Braut ihre Freunde, der Bräutigam die seinen vorstellt. Oder die Eltern wechseln sich ab.

TIPP **Wichtig ist, dass niemand vergessen wird! Bei einem größeren Kreis nehmen Sie für die Vorstellungsrunde zur Sicherheit Ihre Gästeliste zur Hand.**

Wer hält wann eine Rede?

Eines steht fest: Eine Rede halten muss niemand. Weder die Eltern noch das Brautpaar. Andererseits ist ein Fest etwas unbefriedigend, wenn nicht wenigstens zu Anfang jemand ans Glas klopft und ein paar Worte sagt. Das Brautpaar und die Gäste erwarten insgeheim, dass zumindest ein Elternteil seiner Freude über die Hochzeit Ausdruck gibt. Aber bitte nicht allzu weitschweifig und Vorsicht bei der Wortwahl. Will jemand um jeden Preis originell sein, kann eine Rede furchtbar danebengehen.

TIPP **Die beste Zeit für eine Rede ist in einer Pause zwischen zwei Gängen des Mahles, wenn alle am Tisch sitzen. Bedienung und Küche sollten Bescheid wissen, damit sie dementsprechend planen können.**

Das Fest von Sven und Susanne auf einer alten Hamburger Hafenfähre hatte so schön angefangen. *Den Weg dahin hatten Freunde mit Herzen markiert. Überall Herzen: mit Kreide auf die Straße gemalt oder ausgeschnitten und an Bäume und Zäune gepinnt. Es war ein makellos blauer Tag. Das Schiff fuhr die Elbe abwärts, der untergehenden Sonne nach. Das war so wunderbar anzusehen, dass einfach alle, die an Deck waren, in Hochstimmung gerieten.*
Doch dann begann die Mutter des Bräutigams mit Ihrer Rede. Statt eine der üblichen „Ich-habe-eine-Tochter-dazu-gewonnen"-Ansprachen zu halten, wollte sie berichten, wie es ist, einen Sohn zu verlieren. Einen langsamen Entfremdungsvorgang zu erleben, den man schon daran spürt, dass sich der Sohn anders benimmt als früher. „Dreißig Jahre war ich ganz eng mit Sven. Dann kommt eine Frau und ... " – da verließ die Braut weinend und tief verletzt das Zwischendeck. Die Schwiegermutter hatte noch sagen wollen, dass man Loslassen erst lernen muss, dass es Zeit braucht, eine Schwiegertochter nicht als Rivalin zu empfinden, ganz zu schweigen davon, miteinander vertraut zu werden, doch dazu kam es nicht mehr. Die Gäste waren verstört, und die Hochstimmung von vorher kam nicht mehr auf.

Bei der Hochzeit von Elisabeth und Felix ist noch offen, wer eine Rede halten wird. *Die Mutter von Felix hatte vor kurzem die erste Rede ihres Lebens gehalten, und die war ihr sehr gelungen. Nun möchte sie auch auf der Hochzeit ihres Sohnes sprechen. Elisabeths Vater ist krank und wird wahrscheinlich nicht im Stande sein zu reden. Ihre Mutter wiederum ist zu gehemmt und weigert sich. „Das bringt doch nichts", meint sie, „man steckt ja alle an mit seinen Hemmungen." Elisabeth ist da anderer Ansicht: „Ich hätte so gern, dass auch von meiner Familie wenigstens eine kurze Rede kommt. Das muss doch einer von euch schaffen!"*

Es gibt, wie gesagt, keinerlei Vorschrift. Üblich ist aber, dass der Brautvater, wenn er eine Rede hält, den Bräutigam in der Familie willkommen heißt, und umgekehrt der Vater des Bräutigams seiner Freude über die Schwiegertochter Ausdruck gibt und den beiden Glück auf dem Eheweg wünscht. Ob Vater oder Mutter eine Rede halten, ist inzwischen natürlich offen. Manchmal begrüßt auch das Brautpaar die Gäste (vielleicht im Wechsel) und bedankt sich dafür, dass sie alle gekommen sind.

TIPP **Manche Themen eignen sich einfach mehr für Unter-vier-Augen-Gespräche als für die Ohren vieler Gäste. Tabu ist es natürlich auch, sich auf Kosten anderer Anwesender lustig zu machen, was manchmal mit Humor verwechselt wird.**

Alle unterhalten sich lebhaft, die Stimmung schlägt schon kleine Wellen – da klopft wieder jemand ans Glas. Der Patenonkel der Braut will eine längere, gut gemeinte Rede halten; er wartet schon seit einer Weile ganz unruhig. Das ist aber bereits die vierte Rede heute, und es entsteht erst einmal eine Stimmungsflaute, als der Onkel geendet hat. So etwas passiert leicht, wenn es zu viele Reden und andere Unterbrechungen gibt.

Wieder eine Gelegenheit, auf den Festmanager zu sprechen zu kommen. Er sollte auch das Entertainment koordinieren und für jeden Beitrag die passende Lücke im Programm finden. Am besten, er bittet schon frühzeitig alle Gäste, vorbereitete Vorträge oder Ulknummern mit ihm zu besprechen. Dann kann er darauf achten, dass nicht zu viele Reden gehalten, nicht zu viele Gags produziert werden. Das richtige Timing setzt natürlich voraus, dass das Fest zu diesem Zeitpunkt noch geplant, umgeplant und neu geplant werden kann. Wenn Tante Hella das Gedicht auf das Brautpaar schon gedichtet hat, kann man sie schlecht bitten, es schriftlich einzureichen.

TIPP **Grundgesetz für Hochzeitsgäste: In der Kürze liegt der Witz. Reden nicht länger als fünf Minuten. Bei Aufführungen lieber eine Szene als fünf. Diavorträge: kurz, kurz!**

Unterhaltungsprogramm

Beliebtes Entertainment bei Hochzeitsfesten sind Filme. Häufig werden aus den Amateurfilmen der Kindheit beider Brautleute Szenen zusammengeschnitten. Oder ein Filmer geht wie ein Reporter zu Werk und befragt Bekannte wie Unbekannte: „Hans und Grete heiraten am Samstag. Was sagen Sie dazu?" Da kommen eine Menge origineller Glückwünsche zusammen.

Oder die „Regisseure" setzen die Stationen der Jugend von Braut und Bräutigam – Elternhaus, Schule, Sportclub, Wohngemeinschaft – in Szene und interviewen dazu Geschwister, Freunde, Lehrer, Mitbewohner. Auch hier gilt natürlich: Kurz fassen! Irgendwann, wenn alle noch zusammensitzen, zirkuliert die Hochzeitszeitung.

Für Felix und Elisabeth ist ein richtiges Buch geplant, ohne zeitungsähnliche Rubriken, dafür mit Beiträgen aller Gäste. *Da gibt es die üblichen Fotocollagen über Braut und Bräutigam vom Baby- bis ins Heiratsalter, kleine Erzählungen von früher, ein Würfelspiel, das auf Eigenheiten der beiden abzielt, die ersten Selbstporträts der beiden, ihre kleinen, rührenden Briefe aus der Kinderzeit, Einladungen mit Fotos, Foto-Comics, Gutscheine und so weiter.*

Inga und Jürgen haben eine einmalige Rezeptsammlung bekommen. *Freunde hatten lange vor dem Termin alle Gäste gebeten, ihr Lieblingskochrezept zu schicken, garniert mit Fotos oder Zeichnungen. Die Loseblattsammlung wurde in Plastikhüllen zum Ringbuch gemacht und fand sehr viel Aufmerksamkeit. Manche Gäste versenkten sich richtig darin und gaben es gar nicht wieder aus den Händen; vielleicht haben sie das eine oder andere Rezept rasch auswendig gelernt.*

Sketche sind ein attraktiver Programmpunkt, aber auch gefährlich: Sie erfordern schauspielerische Sicherheit, sonst quälen sich Akteure und Gäste. Doch es gibt Abhilfe: Singen! Gesang klingt liebenswürdiger als gesprochene Worte, und Singen ist einfacher als Sprechen. Besonders, wenn man playback singt.

Vorschlag: Eine Gruppe von Freunden tut sich zusammen und übt ein Stück, irgendeine Frechheit nach einer bekannten Melodie. Wenn's klappt, wird das Ganze aufgenommen und auf CD gebrannt. Wer professionellen Sound möchte, kann in ein Tonstudio gehen (Branchenbuch).

Zum Auftritt wird dann die CD eingespielt und die Mitglieder der Gruppe brauchen nur die passenden Mundbewegungen zu machen. Das sollten sie allerdings geübt haben, damit es dann auch stimmt.

Tipps für Entertainer

- Die Erfahrung lehrt: Was man für fünf Minuten konzipiert hat, dauert in der Praxis doppelt so lange, und das ist schon reichlich. Deshalb beim Proben unbedingt die Zeit stoppen und notfalls den Beitrag kürzen.
- Wer auf der Bühne etwas aufführt, muss im Stande sein, das Publikum ungeniert anzuschauen – trotz Lampenfieber, das sich auch bei Familienfesten einstellen kann. Mit ein paar Proben vor „Test-Publikum" aus der eigenen Familie können Sie für die Situation trainieren.
- Nicht nur das Brautpaar und die Gäste, auch Sie selbst sollen an dem Auftritt Spaß haben. Wenn es Ihnen grundsätzlich unangenehm ist, sich öffentlich zu „produzieren", lassen Sie sich nicht dazu drängen. Kinder sollten nur dann auftreten, wenn sicher ist, dass sie das auch wollen.
- Manche Feste zünden wie eine Rakete, manche laufen sich langsam warm und können einen Schub vertragen. Hat die Feier kein festes Programm, platzieren Sie Ihren Gag oder Sketch möglichst in eine Lücke oder kleine Flaute. Nicht unterbrechen, wenn sich alle gerade heftig unterhalten – dann hört womöglich keiner zu.

Das bringt Glück

Nach dem Volksglauben ist Glück die Abwesenheit von bösen Geistern. Die aber lauern überall. Erfreulicherweise sind sie lärmempfindlich und lassen sich durch Krach verscheuchen. Und bei bestimmten Glück bringenden Symbolen ergreifen sie ebenfalls die Flucht.

Der **Polterabend** wirkt hauptsächlich durch den Lärm, den das Geschirrzerteppern macht. Aber Achtung: Bloß kein Glasgeschirr zerschlagen – Glas ist ein Symbol für Glück.

Die scheppernden **Dosen,** die Freunde heimlich ans Hochzeitsauto binden, vertreiben böse Geister. Früher gab's zur Hochzeit Böllerschießen. Heute bringt eine hupende Autokolonne die Gesellschaft zur Feier – und macht damit gleichzeitig die Hochzeit publik.

Der **Brautstrauß** sollte ursprünglich die bösen Geister durch Duft und Schönheit milde stimmen. Er wird traditionell aus Thymian, Lavendel, Orangenblüten und Myrte gebunden. Gelingt es dem Ehepaar, einen kleinen Myrtenzweig zum Anwachsen zu bringen, bleibt das Glück treu.

Myrtenzweige haben schon in der Antike als Glücksbringer eine Rolle gespielt. Die alten Griechen weihten das immergrüne Gewächs Aphrodite, der Göttin der Liebe. Myrte verspricht Lebenskraft und viele Kinder.

Wenn ein **Schornsteinfeger** oder eine schwarze Katze den Weg der Hochzeiter kreuzt, ist eine glückliche Ehe garantiert. Dagegen soll es Unglück bringen, wenn die Hochzeitsgesellschaft einem Trauerzug begegnet.

Eine **Hochzeitstorte** hat nach alter Tradition fünf Etagen, weil sie einen Lebenszyklus des Paares symbolisieren soll: Geburt – Konfirmation oder Firmung – Heirat – Kinder – Lebensende.

Wenn der Bräutigam die Braut **über die Schwelle** trägt, soll das die Dämonen zwingen, draußen zu bleiben. Dass der frisch gebackene Ehemann seine Frau ab jetzt auf Händen tragen wird, ist auch eine hübsche Deutung.

Ein paar **Tränen** muss die Braut am Hochzeitstag vergießen, damit der alte Spruch „Weinende Braut – freudiges Weib" in Erfüllung geht. Sehr bedeutsam für die glückliche Zukunft ist auch, dass sie ihren Mann nach der Trauung als Erste mit seinem Namen anspricht.

Ein **Cent** im Brautschuh soll die Sicherheit geben, dass dem jungen Paar das Geld nicht ausgeht. Nicht bekannt ist, ob diese Wirkung auch eintritt, wenn die Braut das Geldstück unter die Sohle klebt, damit sie keine Blasen bekommt.

„Something old, something new, something borrowed, something blue" muss die Braut nach einem Glücksrezept aus den USA zur Hochzeit tragen. Auch bei uns wählen heute viele Bräute „etwas Altes, etwas Neues und etwas Geborgtes" als Sinnbilder für das frühere und das künftige Leben und „etwas Blaues" als Symbol der Treue zu allem, was war und was kommen wird. Als „etwas Altes" kommt zum Beispiel alter Familienschmuck in Frage. Und als „etwas Blaues" kann sich die Braut in einem Fachgeschäft für Hochzeitsbedarf ein blaues Strumpfband kaufen.

Tanzspiele und andere Späße

Nichts ist trübseliger bei einem Fest als eine chronisch leere Tanzfläche. Als bewährtes Gegenmittel sollte man ein paar Tanzspiele parat haben.

Der **gemalte Hochzeitstanz** braucht besondere Vorbereitungen: Gäste spannen eine etwa zwei mal zwei Meter große Malerleinwand auf und legen sie über eine Plastikfolie auf den Boden, dazu werden mehrere große Schalen mit wasserlöslichen Farben bereitgestellt. Das Hochzeitspaar steckt Röcke und krempelt Hose hoch und steigt barfuß tanzend immer mal wieder in einen anderen Farbtopf, so dass sich auf der Leinwand die bunten Fußabdrück des ersten Hochzeitstanzes abzeichnen. So kann ein ganz faszinierendes Gemälde entstehen.

Weniger aufwändig ist **Cinderella:** Die Herren werden aus dem Saal gebeten, die Damen ziehen einen Schuh aus, stellen ihn in die Mitte und bemühen sich, ihre Füße so zu halten, dass man nicht sofort sieht, wer welche Schuhe trägt. Die Herren kommen wieder rein und können sich einen viel versprechenden Schuh aussuchen. Wenn sie die „Cinderella" gefunden haben, der dieser Schuh fehlt, dürfen sie mit ihr tanzen. Im Verlauf einer längeren Tanzstrecke sollten Abklatschen und Partnerwechsel erlaubt sein und eingeplant werden.

Die **Reise nach Jerusalem** ist bekannt, aber wohl nicht mit dieser eingebauten Gemeinheit: Die Paare tanzen. Die Tanzfläche ist mit Stühlen umstellt. Ein Stuhl fehlt. Die Musik stoppt. Jeder greift sich schnell einen Stuhl. Eine/r bleibt übrig und scheidet aus, allerdings nicht, ohne einen der vorbereiteten Gutscheine über „Dienste für das Brautpaar rund ums Jahr" aus einem Lose-Topf zu ziehen. Darin werden die „Gewinner" zum Beispiel verpflichtet, im kommenden Januar in der neuen Wohnung Dübel einzusetzen und Bilder aufzuhängen, im April die Wohnung zu putzen, im Juni das Auto zu waschen, im August den Rasen zu mähen usw.
Auf die Lose kann man auch kleine Dinge des Alltags schreiben wie zum Beispiel Seife, Kaffee, einen Krimi, Spüllappen, Briefmarken, eine Tafel Schokolade ... Wer ein Los zieht, ist verpflichtet, dem Brautpaar demnächst ein Päckchen mit dem besagten Gegenstand zu schicken. Auf diese Weise bekommen die beiden erfreulicherweise wochenlang nette Post.

Der **Schlangentanz** bringt auch Leute auf die Beine, die sonst am Stuhl kleben: Alle stellen sich hintereinander, die Hände auf den Schultern des Vordermanns, vorneweg das Brautpaar. Die Menschen-Schlange schlängelt sich nach Musik durch den Raum. Es beginnt langsam, zum Beispiel mit Marschmusik. Dann wird die Musik immer schneller, und die Schlange muss versuchen, mit dem Kopf ihren Schwanz zu erwischen.

Die **Tanzfläche füllen** geht so: Zuerst ist nur das Brautpaar auf der Tanzfläche. Kaum setzt die Musik aus, trennen sich die beiden und suchen sich aus dem Publikum je einen neuen Partner. Wieder Musik-Stopp und die gleiche Prozedur. So vermehren die Tänzer sich rasch, bis alle auf dem Tanzboden sind.

Spaß bringen auch **Ehetauglichkeitstests** wie dieser: Auf die Bühne werden zwei Stühle gestellt, Rückenlehne an Rückenlehne. Darauf sitzt das Brautpaar, Rücken an Rücken. Beide haben je einen eigenen Schuh und einen des Partners in den Händen. Jetzt kommen Testfragen, ob sich die beiden wirklich gut genug kennen, um reif für die Ehe zu sein:

Wer von euch drückt sich gerne vor der Hausarbeit?

Hoch mit seinem Schuh, wenn er gemeint ist, hoch mit ihrem, wenn sie nicht gerne sauber macht.

Wer meckert ständig, wenn der andere am Steuer sitzt?

Wer kann besser kochen?

Und so weiter. Es fängt ganz harmlos an, die Fragen können sich aber beliebig steigern. Nur alle Arten von Taktlosigkeiten sollte man vermeiden.

Isabell und Jobst sind mit einer Hochzeitsüberraschung mal gründlich auf die Nase gefallen. *Sie hatten als Freunde des Paares den Ehetauglichkeitstest vorbereitet, wollen so etwas aber lieber nie wieder tun. Sie hatten eine Scharade geplant. Dabei muss ein Spieler einen Begriff pantomimisch darstellen und der andere erraten, was gemeint ist. Der Bräutigam stand auf der Bühne, die Braut wartete draußen. Ein Nummerngirl trug jedes Mal ein großes Schild mit dem gesuchten Begriff stumm am Publikum vorbei. Jobst und Isabell hatten nicht vor Begriffen wie Kondom-Automat zurückgeschreckt, nicht ahnend, wie schüchtern der Bräutigam ist. Die Braut wurde also reingerufen, und er musste ihr pantomimisch einen Kondom-Automaten begreiflich machen. „Oh, es war so peinlich!", sagt Isabell. Dem Bräutigam standen die Schweißperlen im Gesicht, das Publikum wusste nicht, ob das was zum Lachen war, und die Brauteltern waren schlicht empört. „Wir haben nur gedacht: Boden tu dich auf! Aber wir mussten die Sache irgendwie zu Ende bringen." Das lehrt uns: Scharaden können sehr lustig sein, wenn man auf Sensible Rücksicht nimmt und sich bei den Begriffen zurückhält.*

Für den **Fühl-Test** muss die Braut den Raum verlassen und bekommt die Augen verbunden. Inzwischen werden auf der Bühne etwa sechs Stühle aufgestellt. Darauf sitzen der Bräutigam und einige männliche Gäste mit einem aufgekrempelten Hosenbein. Dann wird die Braut hereingeholt und muss durch Tasten und Befühlen der anwesenden Knie herausfinden, welches davon zu ihrem Liebsten gehört. Die Sache bekommt mehr Witz, wenn die Gäste jedes Mal heimlich aufrücken, so dass die Braut zunächst immer dasselbe Knie betastet.
Umgekehrt erfühlt der Bräutigam mit verbundenen Augen dezenterweise keine weiblichen Knie, sondern die Hände der anwesenden Damen.

Kommentar von Elisabeth:
„Männer finden es vielleicht auch peinlich, ihr nacktes Knie befühlen zu lassen. Wie wär's mit Nasen- oder Ohren-Tests?"

Nicht nur auf Kindergeburtstagen, auch bei Hochzeiten haben **Luftballons** ihren Platz: Alle Gäste gehen nach draußen, bekommen einen mit Helium gefüllten weißen Luftballon, lassen gleichzeitig die Schnur los und schicken einen stummen Wunsch für das Hochzeitspaar mit. Sie können ihren Wunsch auch auf ein Kärtchen schreiben, das an den Ballon gehängt wird. Oder man hängt Namen und Adresse des „Absenders" an und bittet den Finder des Ballons, sich zu melden. „Sie würden sich wundern, wie viele Rückmeldungen es gibt", sagt ein Ballonlieferant.
Die schönste Variante des Ballonverschickens ergibt sich nachts im Dunkeln: An jeden Ballon wird eine Wunderkerze gehängt, angezündet und das Ganze dann losgelassen – einen Wunsch schickt man still hinterher. Der Schwarm leuchtender Ballons im Nachthimmel ist ein wunderschönes Bild.

TIPP **Ballons steigen nur dann richtig hoch, wenn sie frisch mit Heliumgas gefüllt sind. Ballon-Lieferanten (im Branchenbuch unter Luftballon) bringen bereits gefüllte Ballons mit dem Auto (100 Stück etwa 14 Euro plus ca. 20 Euro für die Anfahrt). Oder Sie kaufen für ca. 60 Euro eine Gasflasche, die für 100 Ballons ausreicht.**

Im Gehen feiern?

Zwischen den Stationen einer Hochzeit kann die Gesellschaft etwas Bewegung gut vertragen. Danach sind alle wieder frischer, auch was die weitere Aufnahme von Delikatessen angeht. Wenn die Strecken nicht gerade kilometerlang sind, durch Straßen oder wenig attraktives Gelände führen, kann die Hochzeitsgesellschaft den einen oder anderen Weg, zum Beispiel zwischen Standesamt und Kirche oder zwischen Kirche und Gasthaus, ruhig zu Fuß zurücklegen. Für Ältere sollte aber für alle Fälle ein Transportmittel verfügbar sein.

Fritz und Carla haben ihre Hochzeit als „Wandertag" geplant. *Die Strecke dauerte bei gemächlichem Tempo insgesamt zwei Stunden, Unterbrechungen nicht mitgerechnet. Der Witz war, dass jeder sich nach Wanderlust und Gehvermögen an mehreren Stationen anschließen oder auch die Prozession verlassen konnte, für Hin- und Rücktransport standen an diesen Stationen Autos von Verwandten und Familie bereit. Vom Standesamt in einer alten süddeutschen Kleinstadt führte der Rundweg durch die hügelige Landschaft zu einem Freibad, Station für die Auffrischung. Wer die Frisur schonen und nicht schwimmen wollte, konnte auf Bänken oder in einem Imbisslokal rasten. Dann ging es an einer Höhenkante entlang mit weitem Blick übers Land zu einer alten Burg, wo die Bräutigam-Familie viele selbst gebackene Kuchen und Torten deponiert hatte, Kaffee kam aus dem burgeigenen Restaurant.*
Nächster Halt war an einer „Sektstation" in einem kleinen Park, und von da aus ging es gemächlich zurück zur Burg, wo das Fest stattfand.

TIPP **Eine Wanderung als Auftakt zum Fest bewirkt mit ziemlicher Sicherheit, dass sich die Gäste mischen. Aber natürlich müssen vorher alle Bescheid wissen, damit sie zumindest die richtigen, bequemen Schuhe einstecken.**

Und so war's bei Elisabeth und Felix: *Die Abendsonne funkelt in Hunderten von Gläsern. Auf weißen langen Tischen liegen grasgrüne Äpfel zwischen Efeuranken. Draußen hat eine frische Brise die Mücken vertrieben und die Wolken von der Sonne weggeschoben. Die Gäste haben sich kleine Tische auf den Deich vor der alten Villa geholt, von wo man weit übers Wasser sehen kann. Alle bösen Geister scheinen beschwichtigt.*

Am liebsten würde man jetzt hier draußen sitzen bleiben und am Ende bei Fackelschein weiterfeiern. Aber die festlich gedeckten Tische warten drinnen. Und der Koch auch. Zuerst muss allerdings noch ein Gruppenfoto geschossen werden. Dann treibt der Zeremonienmeister die Gesellschaft in den Saal. Elisabeth und Felix haben den „offiziellen" Teil, die Trauung, hinter sich und genießen unbeschwert ihr Fest. Nach Regenwochen ist es hell geworden. Über dem Abend liegt eine leicht euphorische Stimmung, und die hält sich bis zum frühen Morgen. Hundert Gäste sind gekommen, eine bunte Mischung. Vereinzelte Smokings werden gesichtet, viel dunkles Blau (Traditionsfarbe der Hamburger), aber auch viele sommerlich helle Anzüge und ein paar Jeans. Bei den Damen kommen das kleine und das große Schwarze oft vor; einige haben die Gelegenheit genutzt, sich mit einem seidenen Galakleid in strahlender Farbe zu schmücken. Elisabeths Schneiderin hat ein Kleid aus einem eigentlich technischen Gewebe geliefert, das aufleuchtet, wenn Licht darauf fällt.

Drei Reden werden gehalten: Die Mutter des Bräutigams findet warmherzige Worte über die Liebe. Der beste Freund des Bräutigams schildert in zehn – natürlich fragwürdigen – Punkten, warum die Braut von Glück sagen kann, dass sie diesen Mann ergattert hat. Der beste Freund der Braut hat sein Bild von ihr in ein Märchen gekleidet, das von der Liebe zwischen Prinz und Prinzessin nach langen Wanderjahren handelt.

Eine Gruppe singt und alle klatschen begeistert, entweder weil sie den Text verstanden oder weil sie ihn nicht verstanden haben, denn der hat Stacheln.

Ein anschließender Sketch dagegen ist nur zum Lachen. Mit Hilfe des Brautpaares und einiger Gäste – allesamt unvorbereitet – wird ein kleines Drama aus dem Stegreif inszeniert. Die herbeizitierten „Schauspieler" müssen ihre Rolle vom Blatt ablesen und sie im gleichen Moment auch spielen, was sehr komisch ist. Das Drama handelt davon, dass ein Prinz um eine Prinzessin wirbt, die der alte König nicht hergeben will. Seine Königin versucht zu vermitteln. Aber kein Happy-End! Am Ende sind alle tot: König und Königin, Prinz und Prinzessin liegen vom Schicksal gefällt auf dem Bühnenboden.

Der Hit des Abends ist eine Elvis-Parodie, mit der zugleich der Tanz eröffnet wird.

... und das hat's gekostet

Hier sind die Preise für eine „dreiteilige" Hochzeit – Empfang, Fest, Frühstück – mit 100 Gästen aufgelistet. Einige Posten in der Rechnung kann man auch billiger haben oder ganz einsparen. Als Orientierungshilfe beim Planen ist sie aber allemal geeignet.

Kosten €

Vorbereitung, Outfit

Porto für Einladungen und Danksagungen	500,—
Brautkleid	600,—
Schuhe	150,—
Eheringe	500,—
Brautkranz	30,—
Standesamt und Papiere	81,50

Abendfest

Miete Festräume plus Endreinigung	1.400,—
19 Tische 160x80 cm mit Tischdecken (je 27 €)	513,—
Kaffee- und Kuchen-Büfett	330,—
12 Stehtische (je 23 €)	276,—
3 Biertisch-Garnituren für draußen (je 22,50 €)	67,50
1 weißer Sonnenschirm (14 m)	67,50
Kühlboxen und Bar-Equipment	80,—
Geschirr, Servietten, Gläser für 100 Personen (inkl. Abwasch)	750,—
Musik-Anlage: 2 Plattenspieler, 2 CD-Spieler, Verstärker, Boxen (ohne Transport und Aufbau)	180,—
Dekoration	350,—

Essen abends

100x4 Empfangs-Snacks (je 4 €)	400,—
100 Menüs (je 19 €)	1.900,—
100 Stück Kuchen (je 2,50 €)	250,—

	€
### *Getränke*	
Prosecco mit Pfirsich (Bellini)	215,—
Wein	600,—
Wasser, Saft, Bier	450,—
### *Service*	
Bedienung: 5 Personen (je 8 Std à 24,50 €)	980,—
Lieferung und Aufbau: 1 Person (10 Stunden à 28 €)	280,—
Trinkgeld	150,—
Bootsfahrt zum Festort	360,—
### *Empfang und Frühstück*	
6 Biergarten-Garnituren (für Empfang und Frühstück)	135,—
Catering für den Empfang: Suppe, Kanapees, plus Bedienung	1.000,—
für Empfang und Frühstück: Prosecco, Wasser, Saft	350,—
Laugenbrötchen, Croissants, Weißwürste für das Frühstück	550,—
Kaffee und Orangensaft (frisch gepresst) für das Frühstück	70,—
### *Geschirr-Miete:*	
Gläser, Kaffeebecher, Brotteller, Suppenteller, Besteck, Kaffeemaschine, Thermoskannen, Würfeleis	375,—
Trinkgeld	80,—
Alles zusammen	**14.093,–**

Alles, was Recht ist

Ehen werden im Himmel geschlossen, heißt es – doch später, auf Erden, hat eine Heirat auch ganz handfeste juristische Konsequenzen. Es ist gut, für alle Fälle darüber Bescheid zu wissen und auch die möglichen „Risiken und Nebenwirkungen" von vornherein auszuschließen. Welche das sind und wie Sie vorbeugen können, erfahren Sie in diesem Kapitel. Aber: Hier lässt sich alles nur sehr vereinfacht darstellen, und jeder Fall liegt anders. Deshalb fragen Sie im Zweifelsfall einen Notar oder Anwalt um Rat.

Christoph und Ulrike saßen abends bei einem Glas Wein zusammen. *Es war mitten in den Vorbereitungen für ihre große Hochzeitsfeier, vier Wochen vor dem Fest. Sie machten sich gerade Gedanken über die Tischordnung, als Christoph unvermittelt fragte, ob sie nicht eigentlich einen Ehevertrag schließen sollten. „Das hat mich wie ein Messerstich getroffen", erinnert sich Ulrike. „Ich war so erschrocken und enttäuscht. Für mich war das, als würde Christoph schon an die Scheidung denken und daran, dass es mal eine Zeit geben wird, in der wir uns nicht mehr vertrauen."*

Die „ehelichen Güterstände“

Ehevertrag – für viele ist das ein hoch sensibles Thema. Wer mag schon ausgerechnet vor der Hochzeit an eine mögliche Trennung denken? Wer mag Regelungen für den Fall einer späteren Scheidung festlegen kurz bevor man einander verspricht zusammenzubleiben, „bis dass der Tod uns scheidet"? Wer mag über Geld sprechen zu einer Zeit, in der man bereit ist, das letzte Hemd mit dem anderen zu teilen?
Ganz klar: Es macht wenig Spaß, über Juristisches und Finanzielles zu reden, während man ein romantisches Fest plant. Trotzdem: Ein Ehevertrag ist manchmal sehr sinnvoll. Es geht nicht darum, dass im Fall einer Trennung ein Partner „über den Tisch gezogen" wird. Vielmehr soll die Vereinbarung beiden Partnern helfen, sich zumindest im Finanziellen fair zu trennen, falls die Beziehung scheitern sollte.

Sobald ein Paar heiratet, gelten automatisch gesetzliche Regelungen, zum Beispiel für das während der Ehe erworbene Eigentum, den gegenseitigen Unterhalt und die Altersvorsorge. Paare, die davon abweichend spezielle Vereinbarungen treffen wollen, müssen beim Notar einen Ehevertrag (siehe Seite 143) schließen, damit diese Verabredungen im Ernstfall auch juristisch Bestand haben.
Es gibt drei „eheliche Güterstände", die im Bürgerlichen Gesetzbuch verankert sind: die Zugewinngemeinschaft, die Gütertrennung und die Gütergemeinschaft.

Zugewinngemeinschaft

Wenn nicht durch einen Ehevertrag etwas anderes vereinbart wurde, lebt das Ehepaar nach der Heirat automatisch im Güterstand der Zugewinngemeinschaft. In diesem Regelfall bleibt das Vermögen der Ehepartner getrennt. Das heißt, jeder behält das, was er in die Ehe mitgebracht oder während der Ehe erworben hat, egal ob es sich um Geld, Grundbesitz oder andere Werte handelt. Durch die Heirat entsteht also kein gemeinsames Vermögen.
Wird die Ehe geschieden, müssen die Partner den Zugewinn – also das in der Ehe von ihnen erworbene Vermögen – miteinander teilen. Dazu wird mit Hilfe eines Indexes für jeden separat berechnet, was er dazugewonnen hat, und zwar im Prinzip nach der Formel:

Endvermögen
– Anfangsvermögen

= Zugewinn.

Wenn einer mehr hat als der andere, muss ausgeglichen werden, so dass im Endergebnis beide das gleiche Plus haben. Wenn einer der beiden Partner stirbt, wird der Zugewinnausgleich ersetzt, indem der gesetzliche Erbteil des anderen pauschal um ein Viertel erhöht wird, unabhängig vom tatsächlichen Zugewinn. Ist der überlebende Partner kein Erbe, etwa weil er enterbt wurde, hat er lediglich Anspruch auf seinen Pflichtteil (die Hälfte dessen, was er als Erbe bekommen hätte) und auf den Ausgleich des Zugewinns. Der Zugewinn wird dann berechnet wie im Fall einer Scheidung.

Achtung **Als Zugewinn gilt nur, was sich während der Ehe durch Arbeit, gewinnbringende Anlagen usw. angesammelt hat. Schenkungen und Erbschaften gehören nicht dazu. Sie werden dem Anfangsvermögen des Ehegatten, der sie bekommen hat, zugerechnet, so dass er davon nichts abgeben muss. Aber andererseits: Eine Wertsteigerung einer geerbten Immobilie oder Zinsen aus Erbschaften und Schenkungen zählen sehr wohl als Zugewinn.**

Thomas und Irene hatten bei der Heirat jeder ein Sparbuch mit 40.000 Euro. *Zum Zeitpunkt der Scheidung hat Thomas insgesamt 60.000 Euro angespart. Irene hat ein Bankguthaben von 50.000 und ein Grundstück, das sie während der Ehe von ihrer Mutter geerbt hat. Da das Grundstück für den Zugewinn nicht berücksichtigt wird, muss durch einen Sachverständigen nur festgestellt werden, ob während der Zeit der Ehe sein Wert gestiegen ist. Sollte dies nicht der Fall sein, hätte Irene einen Anspruch auf Zugewinnausgleich gegen Thomas, da sein Zugewinn ihren übersteigt.*

TIPP **Paare, die im Fall einer Scheidung Streit darüber vermeiden möchten, wer was mit in die Ehe gebracht hat, sollten entweder bei der Heirat ein Vermögensverzeichnis beider Partner aufstellen oder jeder für sich Beweismittel (Kontoauszüge, Sparbuch etc.) aufbewahren.**

In der **Zugewinngemeinschaft** kann jeder Partner über sein Vermögen grundsätzlich allein verfügen – mit zwei Einschränkungen:
Für weitreichende Entscheidungen über sein Vermögen als Ganzes oder einen wesentlichen Teil davon braucht jeder Partner die Zustimmung des anderen. Mit dieser gesetzlichen Vorschrift soll der Anspruch auf Zugewinnausgleich und die materielle Basis der Ehe geschützt werden.
Genauso kann ein Partner nicht ohne Zustimmung des anderen über Gegenstände verfügen, die im Haushalt benutzt werden, wie zum Beispiel Fernseher, Videoapparat, das Sofa, Bettwäsche, die Kaffeemaschine, und die nicht nur zum persönlichen Gebrauch eines Ehepartners bestimmt sind.
Renate darf also nicht ihr Videogerät an ihre Freundin verschenken, wenn Martin dagegen ist.

Martin hat von einem Onkel ein wertvolles Gemälde geerbt, dessen Wert auf 200.000 Euro geschätzt wird. *Sonst hat er nur noch ein Sparbuch mit 3.000 Euro und einen alten VW Golf. Martin möchte das Gemälde verkaufen, um sich endlich seinen Traum zu erfüllen und ein Segelboot zu kaufen. Renate ist dagegen. Sie will das Gemälde als Sicherheit haben, wenn sie einmal Kinder bekommen. Martin ist der Ansicht, dass er die Entscheidung allein treffen kann, da die beiden im Güterstand der Zugewinngemeinschaft leben und jeder sein eigenes Vermögen zur Verfügung hat. Doch da irrt Martin, denn das Gemälde stellt einen wesentlichen Teil des Vermögens dar. Deshalb darf er es auch nicht gegen Renates Willen verkaufen.*

Achtung **Wenn Sie nicht per Ehevertrag etwas anderes vereinbaren, leben Sie als Ehepaar automatisch in einer Zugewinngemeinschaft! Alles andere, also Gütertrennung oder Gütergemeinschaft, muss in einem Vertrag beim Notar vereinbart werden.**

Gütertrennung

Bei diesem „Güterstand" bleiben die Vermögen von Mann und Frau getrennt. Anders als bei der Zugewinngemeinschaft kann jeder wirklich frei und ohne Beschränkungen mit seinem Geld und Gut machen, was er will. Im Falle einer Scheidung gibt es keinen güterrechtlichen Ausgleich.

Gütergemeinschaft

Ein sehr seltener Fall: Hier werden die Vermögen beider Partner, ob eingebracht oder während der Ehe erworben, zu einem gemeinschaftlichen Vermögen, das auch gemeinschaftlich verwaltet wird. Ausnahme ist das so genannte Sondergut, zum Beispiel unpfändbare Lohn- und Gehaltsansprüche. Außerdem kann man bestimmte Vermögensgegenstände ausnehmen, indem man sie im Ehevertrag zum Vorbehaltsgut erklärt.

Unterhalt und Versorgungsausgleich

Die Ehegatten sind einander verpflichtet, durch ihre Arbeit und mit ihrem Vermögen die Familie angemessen zu unterhalten, heißt es im Gesetz. Und weiter:

Ist einem Ehegatten die Haushaltsführung überlassen, so erfüllt er seine Verpflichtung, durch Arbeit zum Unterhalt der Familie beizutragen, in der Regel durch die Führung des Haushalts.

Im Klartext: Sich um Kinder und Haushalt zu kümmern, ist auch vor dem Gesetz nicht weniger wert, als im Beruf Geld zu verdienen. Derjenige, der den Haushalt führt, ist in aller Regel nicht verpflichtet, nebenbei noch Geld zu verdienen; der andere muss für seinen Unterhalt ganz oder teilweise aufkommen. Der Bundesgerichtshof hat entschieden, dass zum Unterhalt unter anderem Kosten für Wohnung, Nahrung, Kleidung, medizinische Versorgung, Kranken- und Altersvorsorge sowie kulturelle Bedürfnisse und Urlaub gehören.

Außerdem hat jeder der Ehegatten Anspruch auf einen angemessenen Teil des Gesamteinkommens als Taschengeld, das heißt auf einen Geldbetrag, der ihm/ihr die Befriedigung seiner/ihrer persönlichen Bedürfnisse nach eigenem Gutdünken und freier Wahl unabhängig von einer Mitsprache des anderen Ehegatten ermöglichen soll.

Derjenige, der den Haushalt führt, hat nach dieser Entscheidung einen Anspruch auf ein Taschengeld gegen den, der erwerbstätig ist, es sei denn, dass das Familieneinkommen nur zur Deckung des notwendigen Bedarfs der Familie ausreicht.

Achtung **Richtwert für das Taschengeld in der Ehe sind fünf bis sieben Prozent des Nettoeinkommens. Wenn ein Partner neben Kinderbetreuung und Haushalt durch einen Teilzeitjob „dazuverdient" und sein Einkommen unter dieser Quote liegt, hat er Anspruch darauf, dass der andere diesen Nebenverdienst aufstockt.**

Trennt sich ein Ehepaar, wandelt sich der bisherige Anspruch auf einen Beitrag zum Familienunterhalt in einen persönlichen Unterhaltsanspruch des bedürftigen Ehegatten. Der Unterhalt wird nach den Lebens- und Vermögensverhältnissen bemessen; ein sozialer Abstieg soll – jedenfalls wirtschaftlich – auf jeden Fall vermieden werden.

Achtung **Der Anspruch auf den Familienunterhalt und auf den Unterhalt nach einer Trennung (also noch nicht Scheidung) besteht automatisch. Ein Verzicht im Ehevertrag wäre unwirksam.**

Unterhalt nach einer Scheidung

Für den nachehelichen Unterhalt gilt der Grundsatz der Eigenverantwortung, wie es im Gesetz heißt. Damit ist gemeint, dass zunächst einmal jeder für sich selbst sorgen soll. Nur wenn einer der Geschiedenen nicht selbst für sich aufkommen kann – etwa weil er das gemeinsame Kind betreut, weil er krank ist, oder weil er in der Zeit der Ehe für Kinder und Haushalt zuständig war und deshalb keine ausreichende Ausbildung machen konnte, hat er einen Unterhaltsanspruch gegen den anderen. Dieser Anspruch umfasst den gesamten Lebensbedarf, und die Höhe der Zahlungen richtet sich nach den bisherigen Lebensverhältnissen.

Achtung **Im Ehevertrag können beide Partner vereinbaren, dass sie auf diesen Unterhaltsanspruch nach einer Scheidung verzichten, wenn sie sich das leisten können und wollen.**

Versorgungsausgleich nach einer Scheidung

Der Versorgungsausgleich soll die während der Ehe erworbenen Anwartschaften auf Versorgung im Rentenalter oder wegen Berufs- oder Erwerbsunfähigkeit unter den Ehegatten ausgleichen. Bei einer Scheidung muss grundsätzlich auch entschieden werden, welcher der beiden Partner dem anderen später von seiner Rente etwas abgeben muss und wie viel.

Auch der Versorgungsausgleich kann durch einen Ehevertrag ausgeschlossen werden. Das kann bei einer Scheidung für den Partner zu erheblichen Nachteilen führen, der während der Ehe die gemeinsamen Kinder versorgt. Meistens hat derjenige aus diesem Grund kein oder nur ein geringes eigenes Einkommen und erwirbt dann unter Umständen, trotz der Anrechnung der Kindererziehungszeiten, geringe Rentenansprüche.

TIPP **Paare, die einen Versorgungsausgleich im Ehevertrag ausschließen wollen, sollten deshalb z. B. vereinbaren, dass der „Besserverdienende" für den anderen in eine private Versicherung einzahlt.**

Achtung **Ein Ausschluss des Versorgungsausgleichs im Ehevertrag ist unwirksam, wenn innerhalb eines Jahres nach Abschluss ein Antrag auf Ehescheidung gestellt wird.**

Ehevertrag – ja oder nein?

Der Ehevertrag kann vor der Heirat, aber auch jederzeit während der Ehe geschlossen werden. Er muss, damit er juristisch Bestand hat, bei gleichzeitiger Anwesenheit beider Partner vor dem Notar geschlossen werden. Die Vereinbarungen gelten, bis sie von beiden Ehegatten gemeinsam aufgehoben oder geändert werden.

Bevor man einen Ehevertrag abschließt, sollte man sich überlegen, ob nicht die gesetzlichen Regelungen ausreichen. Denn während der Ehe kann sich die finanzielle und sonstige Situation der Partner ändern; zum Beispiel kann die Frau unerwartet schwanger werden. Dann passt ein Vertrag, den man vor Jahren unter anderen Umständen abgeschlossen hat, nicht mehr und führt vielleicht zu ungerechten Lösungen. Zwar kann man den Ehevertrag auflösen, das aber nur, wenn beide Vertragspartner damit einverstanden sind.

TIPP **Auf jeden Fall sollte man mit dem Notar besprechen, wie man den Vertrag so gestalten kann, dass solche Situationen berücksichtigt werden.**

Sinnvoll kann ein **Ehevertrag** jedenfalls sein, wenn einer der beiden Partner als Selbstständiger arbeitet:

Ralph hat sich nach dem Studium als Rechtsanwalt selbstständig gemacht, zusammen mit zwei Freunden. *Die drei sind Partner in ihrer eigenen Kanzlei. Christiane arbeitet als angestellte Justiziarin in einem großen Unternehmen. Nach 15 Jahren Ehe lassen sie sich scheiden. Inzwischen ist die Anwaltskanzlei sehr erfolgreich und beschäftigt über 50 Anwälte. Christiane ist arbeitslos. Sie meint, dass Ralphs Anteil an der Kanzlei mindestens eine Million Euro wert ist und möchte davon einen Anteil als Zugewinnausgleich.*
Um Christiane diesen Zugewinnausgleich auszahlen zu können, müsste Ralph seinen Anteil verkaufen und aus der Kanzlei ausscheiden. Dann würde er jedoch nichts mehr verdienen und könnte keine Unterhaltszahlungen leisten.

Das Beispiel von Ralph und Christiane zeigt: Fällt das Betriebsvermögen eines selbstständig tätigen Partners in den Zugewinn, kann der Anspruch auf Zugewinnausgleich ihn ruinieren. Daher empfiehlt es sich oft, in einem Ehevertrag das Betriebsvermögen aus dem Zugewinn auszuschließen.

Bei der Altersversorgung ist zu bedenken: Menschen, die sich beruflich selbstständig machen, vernachlässigen oft ihre Altersversorgung. Das kann dazu führen, dass der Partner, der als Angestellter immer in die Rentenversicherung eingezahlt hat, dem Selbstständigen, der viel Geld gemacht, aber nicht vorgesorgt hat, etwas von seiner Rente abgeben muss.

Vernünftig kann ein Ehevertrag auch sein,

- wenn einer der Ehepartner bereits Kinder aus einer früheren Beziehung hat und deren Erbansprüche nicht schmälern möchte (dies kann aber auch durch ein Testament geregelt werden, siehe „Wichtiges zum Erbrecht“, Seite 148),
- wenn ein Partner verschuldet ist.

Vater werden ist nicht schwer?

Mehr und mehr Paare machen es wie Elisabeth und Felix: Geheiratet wird erst, wenn das erste Kind bereits geboren ist. Zumindest für den Mann bedeutet das einen zusätzlichen Behördengang, denn rein juristisch wird er durch die Heirat nicht automatisch zum Vater seines Kindes. Für die Frau gilt die einfache gesetzliche Definition: Mutter eines Kindes ist die Frau, die es geboren hat. Der Mann dagegen muss die Vaterschaft erst offiziell anerkennen, damit sein Kind auch vor dem Gesetz seines ist.

Kompliziert wird es, wenn die Frau auf dem Papier noch mit einem anderen Mann verheiratet war, als das Kind des neuen Paares auf die Welt kam (kein seltener Fall). Dann gilt vor dem Gesetz zunächst der getrennt lebende Ehemann als Vater des Kindes. Erst in zweiter Linie wird der Mann juristisch zum Vater, der die Vaterschaft anerkennt. Im Zweifel muss mit Hilfe eines DNS-Tests der leibliche Vater ermittelt werden. Für solche Recherchen sind die Familiengerichte zuständig.

Relativ einfach sind dagegen die Regelungen zum Sorgerecht. Verheiratete Elternpaare sind automatisch gemeinsam sorgeberechtigt für ihre gemeinsamen Kinder. Das gilt auch, wenn die Kinder bereits vor der Hochzeit geboren wurden und ein Elternteil bisher allein das Sorgerecht hatte.

Achtung **Elternpaare, die keinen gemeinsamen Familiennamen wollen, müssen durch eine Erklärung gegenüber dem Standesbeamten den Nachnamen ihres gemeinsamen Kindes festlegen. Das kann entweder der Name der Mutter oder der des Vaters sein, aber nicht eine Kombination aus beiden. Der einmal festgelegte Nachname gilt automatisch für alle gemeinsamen Kinder.**

Wenn Paare sich bei der Hochzeit für einen gemeinsamen Familiennamen entscheiden, bekommen automatisch auch die gemeinsamen Kinder diesen Namen. Diese Regelung gilt ebenso für gemeinsame Kinder, die bereits vor der Hochzeit geboren wurden. Sie bekommen also unter Umständen einen neuen Familiennamen – wenn sie nämlich vor der Heirat den Namen ihrer Mutter hatten und diese jetzt den Namen des Mannes annimmt.

Wichtiges zum Erbrecht

Nach dem Ehegatten-Erbrecht ist nach dem Tod eines Partners der andere automatisch gesetzlicher Erbe. Hat das Paar keine Kinder und gibt es auch keine Nachkommen aus einer früheren Beziehung des Verstorbenen, gelten – soweit nicht ein Testament oder ein Erbvertrag etwas anders bestimmt – diese Regelungen:

Der überlebende Ehepartner bekommt in jedem Fall die Hälfte der Erbschaft. Wenn das Ehepaar in einer **Zugewinngemeinschaft** gelebt hat, bekommt der Überlebende noch ein weiteres Viertel der Erbschaft (als Pauschale für den Zugewinn), also insgesamt drei Viertel. Im Fall der **Gütertrennung** bleibt es bei der Hälfte des Erbes.

Das verbleibende Viertel (bzw. bei Gütertrennung: die Hälfte) teilen sich die Erben zweiter Ordnung, das sind die Eltern und Geschwister des Verstorbenen. Etwas anderes gilt, wenn Kinder da sind: In dem Fall bekommt der überlebende Ehepartner bei Zugewinngemeinschaft die Hälfte der Erbschaft, und den Rest teilen sich die Kinder.

Im Fall der Gütertrennung erbt der Partner normalerweise nur ein Viertel. Der Anteil hängt aber von der Zahl der Kinder ab, da Partner und Kinder zu gleichen Teilen erben. Gibt es also nur ein Kind, erben beide die Hälfte, bei zwei Kindern jeder ein Drittel.

Monika hatte sich bald nach der Geburt ihres zweiten Kindes von ihrem Mann scheiden lassen. *Inzwischen sind die beiden Töchter erwachsen und wohnen in anderen Städten. Seit einiger Zeit hat Monika einen Lebensgefährten, Jobst, den die Töchter sehr mögen. Jetzt haben Monika und Jobst beschlossen, Ernst zu machen und zu heiraten. Monika berichtet ihren Mädchen freudig von der Neuigkeit.*

Doch zu ihrer Überraschung merkt sie, dass die beiden eher verhalten reagieren. Auf die Nachfragen der Mutter reden sie zunächst um den heißen Brei herum, geben dann aber zu, dass sie um ihr Erbe fürchten. Sie wissen, dass ihre Mutter kein Testament gemacht hat und auch keinen Ehevertrag schließen will.

Monikas Töchter haben Recht mit ihren Befürchtungen: Durch die Wiederheirat ihrer Mutter verringert sich ihr Erbteil.

Da Monika kein Testament gemacht hat, würde im Fall ihres Todes die gesetzliche Erbfolge eintreten. Ohne Ehevertrag würden Monika und Jobst in einer Zugewinngemeinschaft leben. Damit bekommt Jobst, falls Monika vor ihm stirbt, die Hälfte der Erbschaft. Die andere Hälfte müssten sich die beiden Töchter teilen. Würde Monika dagegen auf die Heirat verzichten, bekämen die Töchter nach ihrem Tod den gesamten Nachlass.

So unromantisch, nüchtern oder sogar makaber das für manche auch klingt: Vor einer Heirat sollte man auch überlegen, welche Folgen sie auf die spätere Verteilung der Erbschaft haben kann. Das gilt vor allem, wenn einer der beiden Partner bereits Kinder hat.

TIPP **Wenn ein Paar zugunsten von Kindern aus früheren Beziehungen die oben beschriebene gesetzliche Erbfolge ausschließen will, empfiehlt es sich, frühzeitig ein Testament zu machen und sich dabei von einem Anwalt oder Notar beraten zu lassen.**

Weniger Geld fürs Finanzamt

„Warum heiratet ihr eigentlich nicht? Dann könnt ihr doch jede Menge Steuern sparen!" Das kriegen viele Paare, die schon lange unverheiratet zusammenleben, immer wieder zu hören. Umgekehrt vermuten bei Ehepaaren manchmal selbst Freunde und Bekannte, sie hätten wohl „nur wegen der Steuer" geheiratet.

Tatsache ist: Durch Heiraten kann man Steuern sparen. Das liegt zum einen am vorteilhaften System des **„Ehegattensplitting"** und zum anderen daran, dass Verheiratete eine günstigere Steuerklasse wählen können.

Eheleute, die nicht dauernd getrennt voneinander leben und beide steuerpflichtig sind, können wählen, ob sie vom Finanzamt getrennt oder zusammen veranlagt werden wollen.

Bei der getrennten Veranlagung gibt jeder der Ehegatten eine eigene Steuererklärung ab; jeder wird nur nach eigenem Einkommen versteuert.

Günstiger ist für die meisten Paare die gemeinsame Veranlagung: Die Partner geben eine gemeinsame Steuererklärung ab. Für die Berechnung der Einkommensteuer wird ihr Einkommen zunächst getrennt berechnet, danach addiert und dann – jetzt kommt das Ehegattensplitting ins Spiel – nach dem „Splittingtarif" versteuert. Das geht so: Das gemeinsame Einkommen wird halbiert (gesplittet), dann wird die Steuer für die Hälfte berechnet und dieser Betrag zum Schluss verdoppelt. Besonders günstig ist das Ehegattensplitting, wenn ein Partner viel und der andere nichts oder nur wenig verdient. Dann werden nämlich aus einem Spitzengehalt zwei Durchschnittsgehälter. Und wegen der Progression, also des steil ansteigenden Steuersatzes, muss ein Vielverdiener deutlich mehr Steuern zahlen als zwei Durchschnittsverdiener zusammen. Für Ehepartner, die ungefähr dasselbe Einkommen haben, lohnt sich das Ehegattensplitting dagegen kaum. Es gibt aber nur wenige Fälle, in denen eine getrennte Veranlagung am Ende günstiger ist.

Detlev verdient im Jahr 35.000 Euro, seine Ehefrau Gabi 15.000.
Zusammen hat das Paar also 50.000 Euro. Wenn beide getrennt veranlagt werden, sieht der Steuerbescheid etwa so aus:

Detlev zahlt	*8.218 €*
Gabi zahlt	*1.853 €*
Steuern für beide	*10.071 €*

Günstiger ist das Ehegattensplitting. Hier wird für die Berechnung der Steuern das Einkommen in zwei gleiche Anteile à 25.000 Euro geteilt und der für jeden errechnete Steuersatz verdoppelt. Das heißt:

Steuern für beide	*9.514 €*
Gespart	*557 €*

Hinzu kommt, dass sich bestimmte Freibeträge verdoppeln.

Die Veranlagung als Ehepaar beginnt ab dem Jahr der Eheschließung (rückwirkend ab 1. Januar, egal wann das Paar geheiratet hat). Unter Umständen lohnt es sich aber, für das Jahr, in dem man heiratet, eine besondere Veranlagung zu beantragen. Die Eheleute werden dann steuerrechtlich noch wie Unverheiratete behandelt: Das kann sich auszahlen, wenn die beiden schon ein Kind haben, denn dann bleibt für dieses Jahr einem der beiden Eltern noch der Haushaltsfreibetrag für Alleinerziehende erhalten.

TIPP **In jedem Fall lohnt es sich, von einem Steuerberater ausrechnen zu lassen, welche Art der Veranlagung die günstigste ist.**

Die richtige Lohnsteuerklasse

Wenn beide Partner verdienen, haben nach der Hochzeit beide die Steuerklasse IV. Haben sie sich für die gemeinsame Veranlagung nach dem Splittingverfahren entschieden, können sie das ändern: Der Ehepartner, der weniger verdient, übernimmt die ungünstigere Steuerklasse V und damit die Hauptlast der monatlichen Steuervorauszahlungen, der andere bekommt die Steuerklasse III eingetragen und hat entsprechend weniger Abzüge. Dass man auf diese Weise Steuern sparen kann, ist allerdings ein Irrtum. Man hat nur monatlich erst einmal mehr Geld zur Verfügung. Das dicke Ende kommt, wenn das Finanzamt am Jahresende seine Rechnung aufmacht und Geld nachfordert.

Klaus hat ein Bruttogehalt von jährlich 65.000 Euro, Yvonne bekommt 20.000 Euro.

Bei Steuerklasse III für Klaus und Klasse V für Yvonne sieht die Rechnung so aus:

Klaus zahlt:	*12.786 €*
Yvonne zahlt:	*5.388 €*
Steuern für beide:	*18.174 €*

Der Jahressteuersatz für das gemeinsame Einkommen beträgt laut Splittingtabelle: *19.826 €*

Das Finanzamt wird daher nachfordern. *1.652 €*

Zweierlei sollten Sie bedenken, bevor Sie sich für bestimmte Steuerklassen entscheiden:
Wenn ein Partner viel verdient, kommt er in die Steuerprogression und zieht den anderen mit hinein. Dann können trotz der relativ hohen Abgaben bei Steuerklasse V Nachforderungen auf Sie zukommen.
Hinzu kommt, dass die Steuerklasse V extrem undankbar ist: geringes Einkommen, Steuerabgaben wie ein Großverdiener und am Monatsende entsprechend wenig Geld auf dem Konto. Das bringt nicht nur Frust, sondern unter Umständen auch finanzielle Nachteile, die das Paar durch eine Regelung untereinander ausgleichen sollte.

TIPP **Aktuelle Informationen stehen in den kostenlosen Broschüren des Bundesfinanzministeriums:**

- **Einkommen- und Lohnsteuer**
- **Die neue Familienförderung**

Bestellung per Fax:
030/22 42-46 29
E-Mail: Poststelle@bmf.bund.de
Info im Internet:
www.bundesfinanzministerium.de

Was für die „Homo-Ehe“ gilt

Seit dem 1.8.2001 gibt es für homosexuelle Paare die Möglichkeit, im Standesamt eine so genannte Lebenspartnerschaft zu begründen. Das Gesetz geht zurück auf eine Entschließung des Europäischen Parlaments aus dem Jahr 1994 „zur Gleichberechtigung von Schwulen und Lesben in der EU“.

Mit dieser neuen Form der Partnerschaft sollen gleichgeschlechtliche Paare, die zueinander „Ja“ sagen, einen ähnlichen gesetzlichen Schutz bekommen wie Ehepaare. Lebenspartner müssen einander ebenfalls vor einem Standesbeamten das Jawort geben, und auch die juristischen Folgen sind vergleichbar:
Die Lebenspartner können einen gemeinsamen Namen bestimmen, jeder kann seinen behalten oder einer entscheidet sich für einen Doppelnamen.

Auch bei einer Lebenspartnerschaft gibt es verschiedene Güterstände, die hier allerdings anders heißen. So wird die **Zugewinngemeinschaft** als „Ausgleichsgemeinschaft" bezeichnet. Die Partner müssen entweder ausdrücklich erklären, dass sie die **Ausgleichsgemeinschaft** vereinbart haben, oder sie müssen einen Vertrag abschließen, in dem etwas anderes festgelegt ist. Der Vertrag heißt in diesem Fall Lebenspartnerschaftsvertrag und muss ebenfalls vor dem Notar geschlossen werden.

Durch das Jawort entsteht auch ein Erbrecht der Partner, das dem der Ehepartner weitgehend angepasst ist. Die Lebenspartnerschaft wird wie die Ehe durch gerichtliches Urteil aufgelöst und hat unter Umständen Unterhaltsansprüche zur Folge.

„Wegen der Steuer" zu heiraten lohnt sich für gleichgeschlechtliche Paare nicht, da es für sie kein Ehegattensplitting gibt.

Wichtiges auf einen Blick

Nach der Hochzeit

Ende gut, alles gut? Halt - eine Hochzeit hat bürokratische Folgen. Der neue Familienstand, vielleicht auch ein neuer Name und/oder eine neue Adresse müssen erst mal zu Protokoll genommen werden. Hier können Sie prüfen, was noch zu tun ist.

Sind alle informiert?

Ihr Arbeitgeber und das Finanzamt (neue Steuerklasse!) müssen auf jeden Fall sobald wie möglich erfahren, dass Sie geheiratet haben. Bei einer Namensänderung und/oder einem Umzug sind weitere Mitteilungen fällig, zum Beispiel an:

- Ihre Bank,
- Ihre Kreditkartengesellschaft,
- die Telefongesellschaft,
- den Handy-Anbieter,
- die Post,
- das Gas- oder Elektrizitätswerk,
- Ihre Versicherungsgesellschaft(en),
- die Krankenkasse,
- Zeitschriften, die Sie abonniert haben.

Brauchen Sie neue Papiere?

Wenn Sie den Namen Ihres Mannes oder einen Doppelnamen angenommen haben, müssen Sie sämtliche Papiere ändern lassen, zum Beispiel:

- Personalausweis und Reisepass,
- Führerschein und Kfz-Brief,
- Euro- und Kreditkarten,
- Hausausweis für die Firma,
- Abo-Karte für Bus und Bahn,
- Versicherungspolicen.

Und das Finanzamt?

Ihre neue Steuerklasse bekommen Sie nicht automatisch, sondern müssen sie beim Finanzamt beantragen (vorher beraten lassen!). Bei der Gelegenheit werden auch Namens- oder Adressänderungen notiert.

Alles auf dem aktuellen Stand?

Denken Sie an den Eintrag im Telefonbuch, Ihr Türschild und Ihre Visitenkarten!

Sind Sie günstig versichert?

Jungverheiratete sparen Geld, wenn sie aus zwei Versicherungsverträgen eine gemeinsame Police machen, zum Beispiel bei Haftpflicht-, Hausrat-, Unfall- und Rechtsschutz-Versicherungen. Wer eine Lebensversicherung hat, sollte Ehepartner und Kinder als Bezugsberechtigte eintragen lassen. Nehmen Sie sich die Zeit, mit Ihrem Versicherungsvertreter die Verträge auf Sparmöglichkeiten abzuklopfen.

Krankenversicherung: eine für beide?

Verheiratete, deren Ehepartner kein oder nur ein geringes eigenes Einkommen haben, können bei der gesetzlichen Krankenkasse eine Versicherung für beide und für die gemeinsamen Kinder abschließen, ohne dass sich der Beitrag erhöht. Möglich ist das unter diesen Bedingungen:

- Beide Partner haben ihren Hauptwohnsitz in Deutschland.
- Der Mitversicherte ist bei keiner anderen Krankenkasse versichert.
- Der Mitversicherte ist nicht hauptberuflich selbstständig tätig und liegt mit seinem Einkommen (auch aus Rente, Miteinnahmen u. a.) unter der gesetzlichen Höchstgrenze (zurzeit 340 EUR monatlich, der Betrag wird jährlich neu festgesetzt).

Wichtig: Privat Versicherte können auch nach einer Heirat nicht in die gesetzliche Krankenkasse zurückkehren.

Hochzeits-Magazine

Der **Hochzeitsplaner** erscheint dreimal im Jahr mit Trends und Tipps, der aktuellen Brautmode und vielen einschlägigen Adressen. Erhältlich im Zeitschriftenhandel oder bei der

AVR Agentur für Werbung
und Produktion GmbH,
Prinzregentenstr. 95,
81677 München.
Tel. 089/419694-0

Spezialhefte mit viel Brautmode finden Sie in gut sortierten Zeitschriftenläden und an (Bahnhofs-)Kiosken.

Internet-Adressen

www.weddix.de
Locations, Brautmode, virtuelle Geschenktische

www.confetti.de
Planungshilfe, Tischordnung, Kleidertipps

www.hochzeitsservice.de
Brautmodengeschäfte bundesweit

www.braut.de
Der Chatroom für Bräute

www.hochzeitstage.de
Termine von Hochzeits-Messen und Brautmodenschauen

Der Morgen danach

Die Königsfamilie, die auf der Hochzeit von Elisabeth und Felix so dramatisch sterben musste (siehe Seite 128), war wieder aufgelebt. Tags darauf, an einem sonnigen Morgen, kamen alle zum Frühstück zusammen. Der Garten umfing frisch und kühl das Gewimmel der Gäste, die mindestens zwanzig Kinder im Gefolge hatten. Es gab Weißwürste mit Brezeln, Croissants, frischen Orangensaft, Kaffee und Kuchen. Drei Einjährige saßen friedlich im Sandkasten und fütterten sich gegenseitig mit Sand. Am frühen Nachmittag löste sich die Gesellschaft auf. Die Hochzeit war zu Ende.

Stichwortregister

Altersversorgung . . . 143, 144
Anmeldung beim Standesamt . . . 40
Anreise . . . 77
Arbeit verteilen . . . 68
Aufgebot (Anmeldung beim Standesamt) . . . 40
Bekannt machen (Vorstellen) . . . 113, 114
Brautkleid . . . 91, 95
Brautstrauß . . . 98, 120
Büfett . . . 59
Bundesverwaltungsamt . . . 42, 84
Caterer . . . 52, 54
Dekoration . . . 65
Discjockey (DJ) . . . 74
Dispens . . . 22, 23
Dokumente . . . 38, 40, 42, 82, 84
Ehefähigkeitszeugnis . . . 40
Ehegattensplitting . . . 149/150
Eheringe . . . 96/97
Ehetauglichkeitstests . . . 37, 124
Ehevertrag . . . 134, 140, 143/144
Einkommensteuer . . . 149-153
Einladungen . . . 14, 19
Entertainment . . . 118
Erbrecht . . . 148, 153
Essen . . . 59
Event–Manager . . . 70
Familienbuch . . . 38
Familienname . . . 33, 146/147
Feiern . . . 45
Festmanager (Zeremonienmeister) . . . 69, 100, 118
Firmungsurkunde . . . 42
Freischaffende Theologen . . . 26
Gartenfest . . . 45
Gäste bekannt machen . . . 113–116
Gästeliste . . . 14, 15, 116
Geld schenken . . . 13, 104
Geschenke überreichen . . . 109
Geschenke zum Selbermachen . . . 107
Getränke . . . 60
Glücksbringer . . . 120
Gruppenquartier . . . 47
Gütergemeinschaft . . . 138
Güterstand . . . 134–137, 148
Gütertrennung . . . 138, 148
Heiratsermächtigung . . . 30, 40, 83, 84
Heiratsreise . . . 78
Hochzeitsjubiläen . . . 112
Hochzeitslader . . . 70
Hochzeitsorte . . . 48, 50, 52, 86
Hochzeitstisch . . . 100
Hochzeitstorte . . . 120
Hochzeitsversprechen . . . 24, 27
Hochzeitswalzer . . . 74
Internationale Dokumente . . . 82
Internet-Adressen . . . 86, 87, 153
Inverness . . . 83
Kirchliche Trauung . . . 22, 36, 42
Kleiderordnung . . . 88
Kosten . . . 10, 13, 75, 94/95, 130
Krankenversicherung . . . 155
Las Vegas . . . 81
Lebenspartnerschaft . . . 152/153
Ledigkeitsbescheinigung . . . 42
Locations (Hochzeitsorte) . . . 48, 60, 62, 86
Lohnsteuerklasse . . . 149-152
Luftballons . . . 125

Menü 59
Musik 71–75
Musikanlage 75
Namensgebung 33, 144, 152/153
Ökumenische Trauung 22, 23
Papiere (Dokumente) 38, 40, 42, 82, 84
Partyservice 54
Pellworm 50
Platz 55
Polterabend 36, 120
Reden 116–118
Religionszugehörigkeit 22
Sammelgeschenke 103, 104
Scheidung 138, 139
Schullandheim 47
Sitzordnung 61, 62, 63, 114
Sketche (Entertainment) 118
Smoking 88, 95
Sorgerecht 146
Standesbeamter 31
Standesamt 30, 110
Standesamtliche Trauung 36
Steuererklärung 149
Steuern 149-153
Steuerprogression 152
Tanzspiele 122-125
Taschengeld in der Ehe 139
Terminplan 18
Theologen, freischaffende 26
Tischordnung (Sitzordnung) 51, 62, 114
Traulizenz 42
Trauspruch 24, 27
Trauung, kirchliche 22, 24, 36, 42
Trauung, ökumenische 22, 23
Trauung, standesamtliche 139, 140
Unterhalt 137, 138
Urkunden (Dokumente) 38, 40, 42, 82, 84
Vaterschaft 146
Vermögensverzeichnis (Tipp) 136
Versicherung 154
Versorgungsausgleich 143
Vorstellen/Vorstellung 113, 114
Wetterprognose 45
Wortgottesdienst 24
Zeiteinteilung 56
Zeitplan (Terminplan) 18
Zeremonienmeister 69, 100, 118
Zugewinnausgleich 144
Zugewinngemeinschaft 134-137, 148, 153
Zweit-Hochzeiten 90

Impressum

Brigitte-Bücher im Verlag Mosaik bei Goldmann

1. Auflage

Herausgeberin: Anne Volk
Koordination: Christine Tsolodimos, Sybille Schlumpp
Redaktion: Christine Tsolodimos, Karin Schanzenbach
Art-Direction und Layout: Thomas Dreher, München
Umschlaggestaltung: Heinz Kraxenberger, München
Reproduktion: Lorenz & Zeller, Inning am Ammersee
Druck und Bindung: MOHN Media GmbH, Gütersloh
Printed in Germany
ISBN 3-442-39041-9
www.goldmann-verlag.de

Bildnachweis: Alle Fotos von MEV, photodisc und stockbyte mit Ausnahme der folgenden: I. Caspersen: 39, 46, 47, 120 • f1 online: 138 • M. Graf: 20, 64 • Jahreszeiten Verlag/ W. Kowall: 67 • LOOK/J. Greune: 23 • Mauritius/C. Bergmann: 135 • -/L. Real: 73 • Th. Neckermann: 58, 59 • R. Nüttgens: 44 • Photonica: 69 • S. Thurmann: 50, 157 • K. Willenbrock: 61 • Zefa/Gulliver: 123; • G. Zimmermann: 43, 60

Umwelthinweis: Dieses Buch und der Einband wurden auf chlorfrei gebleichtem Papier gedruckt. Die Einschrumpffolie (zum Schutz vor Verschmutzung) ist aus umweltfreundlicher und recyclingfähiger PE-Folie.

Umschlagfoto: Wir danken der Firma TINA, Brautmoden, in 46429 Emmerich am Rhein für die freundliche Überlassung des Titelmotivs.